学诚法师合掌礼佛

　　世俗社会的很多痛苦都来自拿不起，放不下。该承担的没有心力去承担，该放下的不舍得放下。做事就是这样历练，要先拿起来，再放下。

学诚法师出坡收栗子

　　要做好一件事，不是简单用时间来算的，要看人的发心，看人的愿力，看人做事的动机，看能不能众缘和合。

求学时期的学诚法师与恩师圆拙法师

　　所有人都要面对出世和入世这两种心态。入世就是要做事，出世也要做事，关键在于如何用心。

小荷才露尖尖角

　　把握住计划，但不执着计划，了达一切都是无常的、变化的，永远不变的计划是不存在的，我们就有能力去应对世间各种变化。

古刹秋意浓

　　懂得缘起，掌握缘起，根据缘起随缘做事，组合更好的因缘，成就更广大的善业，而不是跟着情绪和妄想做事。

龙泉寺·道德峰

　　只有真的去做一件事情时，真的在事项中看到自己内心的烦恼、妄想、执着，感受到被名缰利锁系缚时的痛苦，感受到失意时的落寞、得意时的张狂，才能对自己的内心世界有更深刻和真实的了解。

远眺万家灯火

物忌全胜，事忌全美，人忌全盛。

又见枫叶红

　　"放下"是指放下不必要的妄想，不是放弃；"随缘"指的是按照
事物发展的规律有条有理地去把握，去推进，而不是盲目冒进。

用心去做好每一件事

你就会掌握生存的本领，利人利己

好好做事

—— 学诚法师与您分享佛陀的做事之道 ——

人生精进系列

学诚法师/著

天津出版传媒集团

天津人民出版社

图书在版编目（CIP）数据

好好做事 / 学诚法师著. —— 天津：天津人民出版
社, 2018.5

（人生精进系列）

ISBN 978-7-201-13283-9

Ⅰ.①好… Ⅱ.①学… Ⅲ.①人生哲学－通俗读物
Ⅳ.①B821-49

中国版本图书馆CIP数据核字(2018)第066279号

好 好 做 事
HAO HAO ZUO SHI

出　　版　天津人民出版社
出 版 人　黄　沛
地　　址　天津市和平区西康路35号康岳大厦
邮政编码　300051
邮购电话　（022）23332469
网　　址　http://www.tjrmcbs.com
电子信箱　tjrmcbs@126.com

监　　制　黄利　万夏
责任编辑　玮丽斯
特约编辑　马　松　张伟超
装帧设计　紫图图书 ZITO

制版印刷　北京嘉业印刷厂
经　　销　新华书店
开　　本　710毫米×1000毫米　1/16
印　　张　15.5
字　　数　100千字
版次印次　2018年5月第1版　2018年5月第1次印刷
定　　价　49.90元

用出世的心做入世的事

佛法在两千多年的传播过程中，到了今天，大家的认识千差万别，有的人会认为经典里的文言文就是佛法，有的人会觉得烧香拜佛是佛法，有的人会认为暮鼓晨钟就是佛法，等等。

这些都是外在的形象。佛法其实就是我们活生生的生活，在我们的身体、语言、思想的每一个细节上，在每一次举手投足之间。

所有人都要面对出世和入世这两种心态。入世就是要做事，出世也要做事，关键在于如何用心。

就是大家比较熟悉的那句话，用出世的心做入世的事。

修行人的修证功夫就是要靠事业和成就展现出来，无为法离不开有为法。

少数人可以言下大悟，有些人可以通过学习经教悟道。而对更多人来说，在当代这个时空因缘下，要通过做事情来领悟、修行。

只有真的去做一件事情时，真的在事项中看到自己内心的烦恼、妄想、执着，感到被名缰利锁系缚时的痛苦，感受到失意时的落寞、得意时的张狂，才能对自己的内心世界有更深刻和真实的了解。

多多经历，反复锤炼，才能够狂心顿歇，歇即菩提。

只有经历过风浪的水手，才懂得什么是真正的平静。

你有了一定的功夫，对外才能开显出足够的慈悲和智慧。不是为了做事而做事，是为了修道而做事。修道也是为了普度众生。

懂得缘起，掌握缘起，根据缘起随缘做事，组合更好的因缘，成就更广大的善业，而不是跟着情绪和妄想做事。

在做事情的过程中，我们慢慢体会和领悟自他不二、空有不二、依正不二的真理。

出家人通过修行得到的能量，可以通过弘法的方式传递给在家人，犹如发电一样，让在家人更有心力去处理生活中种种的困难和挫折，解决家庭中的矛盾、事业上的矛盾，以及人际关系中的各种问题，从而达到服务社会、利益社会的功用。

这和普通的社会事业是不同的，因为它的出发点就是一个出世的心。但是，作用和目的有一致的地方——让家庭和睦，事业有成，人际关系和谐，让我们生活得更好，远离烦恼和痛苦。

所以，佛法就是活生生的现实，随时可以用，让我们在这个万紫千红的大千世界里，眼所见、耳所听、鼻所闻、舌所尝、身所触、意所思这六根对六境中，不贪婪，不排斥。

让我们领悟到我们不是独立存在于这个世界的一个有自性的个体，而是不一不异的关系。

过去常常会误解，佛法就是避世的，但事实是，我们就活在这个世界上，怎么避世呢？逃到哪里能避开六根对六境的所谓现实呢？

佛教的修行有很多很多的方法，所谓八万四千法门，每一种都很可贵，目的都是为了让我们解脱。做事情也是如此。

只有真的去做了，才知道，道理是道理，现实是现实。我们懂得了道理，不一定就是真的领悟了。道理一定要融入我们的身心，才算数。

否则，我们就执着于文字，觉得文字就是真理。所以佛门有"指月"这样的说法，用手指去指月亮，误以为手指头就是月亮。

诸佛妙理，无关文字。但是没有文字，佛法也无法继承和传播。所以，我们要学习佛法，更要实践佛法。

时代在发展，社会在进步。古代农业社会农禅并举，很适应当时的社会氛围；现代社会，也是农禅并举，但现在是"码农"。在这样一个互联网时代里，如何探索出更适合现代人的修行道路，还需要更多的实践和摸索。

两千多年了，语言在变化，服饰在变化，职业在变化，生存方式在变化，山河大地种种外在都在变化，甚至于沧海桑田，但是人心还是那样的——贪、嗔、痴，一点也没变。

大家比较熟悉的佛门中的很多话，都已经成为文化生活中的一部分，比如"拿得起，放得下"，用来形容一个人心胸豁达、自在洒脱。

但事实上，**世俗社会的很多痛苦都来自拿不起，放不下；该承担的没有心力去承担，该放下的不舍得放下。做事就是这样历练，要先拿起来，再放下。**

在善知识的调教、点拨、指导下，那颗执着和顽劣的心，反复提起，反复放下，慢慢才真能达到宠辱不惊、云淡风轻的境界。

不然，就只是文字而已。

学诚

2018 年 3 月 12 日于龙泉寺

目录

| 上篇 | 悠悠万事，用心唯大 |

第一章
做事之道：你发的什么心

第二章
把事做好，离不开因缘

第三章
做事执着好吗

第四章
管理禅

第五章
物忌全胜，事忌全美，人忌全盛

第六章
欢喜处处在

第七章
生活心经

下篇  活下去，活在当下

第八章
凡事先找自己的问题

第九章
我要成为什么样的人

第十章
最强不过平常心

第十一章
逆境、顺境，都在一念间

第十二章
心不累的生活

发心要高调，做人要低调，做事讲缘起。

上篇

悠悠万事，
用心唯大

第一章

做事之道：你发的什么心

做事要做正业

所谓正业，就是所做的一切不仅仅是为了满足自己的需求，而是要利益更多人。

现代社会，工作节奏快，特别是在商业活动中，人与人之间的关系比较复杂，这就给很多人带来一个困惑——如何在纷繁复杂的商业活动中修行。

有一位销售工作者，了解到佛门里提倡的不妄语这条戒，感慨地表示："确实很难做到，平时在做销售的时候，常常开口就要说谎，好像不说谎就不知道怎么说话了。"

还有一位信众，也表达了这样的困惑，他说："在商场中，人与人之间都是竞争关系，交易本身就是一种利益的交换，都是利己的。这跟佛法的理念就冲突了，没有办法调和，内心很纠结。就因为这个原因，反复换工作都不满意。"

关键要在自己的发心上努力，不断地勉励自己。**所谓正业，就是所做的一切不仅仅是为了满足自己的需求，而是要利益更多人。**

具体在世间，什么事是该做的呢？

在一个家庭中，对整个家庭有益的事情就是该做的；在一个单位里，对这个单位有益的事就是该做的；在一个行业里，对整个行业有益的事就是该做的；在一个社会里，对整个社会有益的事就是该做的。这个"有益"，不仅是眼前的利益，更是长远的利益。

当我们说一件事"很难"或"没时间"的时候，潜台词其实是"我不想做"。对于不想做的事情，可以找出一万个理由；对于想做的事情，一个理由就足够了。

从更深层次去思维，就超越了"做什么"的矛盾。做事情不在事情本身，而在做事的用心。譬如售货员，如果只是想着要把货物卖出去，所做的一切都与自己的利益挂钩，久而久之就会觉得乏味、烦躁；如果用心是希望卖出去的东西能够帮助到别人，那就会做得很有滋味，很快乐。

做一件事先问问自己：
你发的什么心

你可以试一试，当你时时刻刻提醒自己不忘初心，身心就会产生非常大的动力，做任何事都会因缘具足，趋于圆满。

在寺里承担做事情，不能图名，不能图利。刚开始，大家都有一个发心，可能非常纯粹、非常朴素，比如有的人发的是大慈悲心，有的是为法忘躯的心，等等。

但是，在具体行持的过程中，会遇到很多的境界，一些人慢慢就忘记了最初的发心——初心。

有一个人承担中遇到了一些境界，心里过不去，就去找方丈，说了一大堆自己的问题和困难。

方丈仅说了一句"你发的什么心"，他就沉默了，内心犹如被猛地一击，当下就觉得那些困难、那些疑惑、那些委屈非常不值得一提。

以后，他再遇到境界的时候，只有这句话能够让他清醒过来并获得力量坚持下去。

我们常常讲"勿忘初心"，意思是不要把方法当作目的。譬如学习、工作、挣钱、恋爱等等，这些都是方法，真正的目的是希求自己更快乐。所以，做事一定要不忘初心，要知道自己的目的是什么。

有人觉得不忘初心不太好理解，简单说，不忘初心就是要让我们时时都不忘自己的目的，每一刻都知道自己在做什么。

何时何地，知道自己要干吗，
这就是负责任

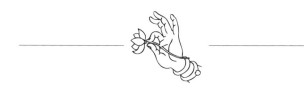

究竟怎么样来承担人生的责任呢？就是自己有多大愿力，有多大发心，有多大智慧，就来承担多少事情。

不论何时何地，在家也好，庙里也好，单位也好，不论什么时间，无论什么地方，你都能调整到自己要做的事情上，这就叫作负责任。

比如，这个时候我需要看书，看书就是负责任；这个时候需要劈柴，劈柴就是负责任。

有一个人问："承担什么样的责任，才能有成就呢？"

师父告诉他："地上有水，你把它擦干，这就是责任；水管坏了，去安排修理，这就是责任；来客人了，及时地端茶倒水，这就是责任；柴火不够了，及时去劈，这就是责任；该扫地了，该浇花了，扫地浇花就是责任；信众心里有问题，及时去开导，去帮助解决，在社会上开展慈善活动，有了困难，及时去补位，去解决问题，这就是责任。"

哪里有问题，不分大小，都能够积极发心去做，去承担起来，不求肯定，不畏人言，这就是责任。

何时何地，知道自己要干吗，这就是负责任。

人往往容易把一天的事情和一生的事情搞混淆了，把一生的事情和生生世世的事情搞混淆了。

什么是混淆呢？比如今天的事情没有做好，就会影响到明天，影响到未来。

人总会给自己找理由，说今天没有做好，明天开始我好好努力；到了明天的时候又没有做好，又说后天开始好好努力。就这样，日子一天天白白地过去，这就是把一天跟一生混淆了。

做事应该"有所求"
还是"无所求"

　　人们常常认为"无所求"是消极的人生态度，但不知道这背后隐藏着大利益。舍小而得大，而小亦终不失。这就是因果。

　　要做事，就会伴随名利。一件事情做成功了，不能因此居功自傲，而是要把功劳归功于他人。如是，自己的功劳才会永久地被人所思所忆。而古人的说法是："功成而弗居。夫唯弗居，是以不去。"

　　万物是缘起的，没有一个自性不变的东西存在。觉得有"我"存在，就是生命的错觉。

　　在世间，做成了一件事情，是很多因缘和合的结果，但我们常常会误解成是"我"做成的或者是离了"我"不行。这样想，很多麻烦和痛苦就会随之而来。

人们常常认为"无所求"是消极的人生态度，但不知道这背后隐藏着大利益。舍小而得大，而小亦终不失。这就是因果。

　　举例来说，若不用心检点，人们做事内心大都有所图，要么图个称赞，求肯定，求关注，要么图个利益。但不知道，辛辛苦苦做事是因，所图之目标是果。如果事情做成了，如愿以偿，自己得到了称赞，得到了利益，那么这个事情的果也就感完了，全是现世之报。这有点儿像是做临时工，做一天的活儿，得一天的报。报完了，做活的价值也就没了。这难道不是一件很可惜的事情吗？

　　反过来，所做的不是图这个图那个，那么福报功德就像是存在银行一般储存起来，即使得到称赞和利益，内心也不会为之所动。如此，虽然得报，却不消耗福报功德，眼前利益和究竟利益都不耽误。

小事做不好，
大事也就无从谈起

有一个人端茶倒水搞接待久了，心里没底，我们就对他说："洒扫应对、迎来送往都是佛法。"

现在，很多人受教育的程度普遍比较高，各方面知识也很丰富，但素质上却可能需要有更大的提高，尤其是谦下、勤劳的素质。

一个人的素质如何，都会体现在如何待人接物上。比如年轻人，无论是博士还是其他学历，在寺里都要从最基本的小事开始做：端茶倒水、劈柴烧火等等。**小事做不好，大事也就无从谈起**。这跟我们掌握多少知识没有关系——知识只是文字，属于思维层面的东西，不是智慧。

有一批年轻人，刚刚来到寺里，希望能够获得某种神秘的体验。但来了之后，发现每天要做的事情竟然就是接待客人。

那段时间来了很多客人，需要有人接待。接待看似简单，其实也不是很容易——什么样的客人，用什么样的规格接待，礼节是否合乎客人的身份，来访目的是什么，在什么位置迎接，送行时送到哪里……点点滴滴都有智慧在里面，不能有差错。

面对一个人，就是面对人心。如何做到进退有度，拿捏得恰到好处，都体现出一个人的修养和素质——内心修证的功夫。

内心很粗，就无法体恤到别人的感受，言谈举止就不能随顺人心。内心的慈悲和智慧不够，甚至处处带刺，也许外在可以做到位，但别人的心也可以感受得到你是不是真的欢迎我。

给人敬茶，茶叶放多少？多了会苦，少了会失礼。水的温度够不够？不够茶就泡不开，也会失礼。院落要干净整洁，窗明几净，不然也会失礼，等等，这些细节都要关注到。举止要得体，谨言慎行，热情大方，"语默动静体安然"。通过这些小事的历练，慢慢地，人的心就会越来越明利，越来越敏锐；人也会练得越来越谦下和内敛，修行才能渐渐有所成就。

在世间，要想成就一番事业，也是如此。

做事到底该重视大事还是小事

　　做事情就如同打仗，战略上要藐视敌人，战术上要重视敌人，不要简单地去纠结到底要重视战略还是重视战术这个问题。

　　曾经，老和尚让一个人盖庙，让他在这个过程中体会万物都是缘起的、无常的、无主宰的；更明白盖庙的整个过程，是创造因缘和改变因缘，然后根据无常变化来适应和调整的过程。

　　有一天，他在细节上过于纠缠，被老和尚发现了，就告诉他："做事不要过于注重小节，要学会抓大放小；很多事情要懂得交给下面的人去做，自己学会掌控全局就好。"

　　他认为很有道理，就开始着手调整。

　　之后，他开始把一些小事交给下面的人去处理，自己把精力放在全局和大事上。老和尚又告诫他："做事要注重细节，小事情处理不好，怎么能处理好大事呢？"

他就疑惑了，问道："我到底应该重视大事，还是应该重视小事呢？"

老和尚看时机到了，就点拨他：做事情就如同打仗，战略上要藐视敌人，战术上要重视敌人，不要简单地去纠结到底要重视战略还是重视战术这个问题。

在世间，我们时时会遇到种种的问题，有的问题是战略方面的，有的是战术方面的，要分清楚。理论上说起来当然是都要处理好，但因缘不同，法无定法，有的时候要强调战略，有的时候要强调战术，根据具体情况进行具体的判断和抉择。总之，原则要很清楚，内心不能害怕，要勇于面对，开阔心胸格局，这就是战略上藐视；而落实在具体事上，要丁是丁，卯是卯，一板一眼，事事要落实、做扎实，点点滴滴都不能马虎，这就是战术上重视。

经过数年的历练，这个人盖了很多庙，各方面的能力都得到了很大的锻炼和提高，内心的修为也大大提升了。后来这个人有一次生病，在病中也领悟到一个道理——对待身体的疾病也是这样一个原则：**越是想着自己有病，病就越不容易好。越病，越是要想着自己没有病，但是该治疗的时候，也要认真治疗。**

人最不自知的错，
就是做什么事都只看眼前

要做好一件事，不是简单用时间来算的，要看人的发心，看人的愿力，看人做事的动机，看能不能众缘和合。

对世间人来说，我们**常常容易犯的错误和存在的问题，就是什么事情都只看眼前**。这样的话，事情就不容易看清楚。因为，从生生世世来看这件事情，与从一生来看这件事情，从一个月来看这件事情，以及从一天来看这件事情，从眼前来看这件事情，其结果都是不同的。

就像农民种菜也好、种庄稼也好，种子种下去，那就要等几十天，30天、50天、60天、80天、90天、100天才有一个收成；种水果可能需要几年，一年、两年、三年，乃至银杏树要长上千年，时间越久，价值差距就越大。

其实人也一样，**所有事情都不能仅从眼前来看有什么价值**。要做好一件事，不是简单用时间来算的，要看人的发心，看人的愿力，看人做事的动机，看能不能众缘和合。

所有事情都不能仅从眼前来看有什么价值。

做事不要只看眼前的结果，还要看未来的意义

· **问**：做事既然就是造业，那么是不是一天到晚什么也不做、什么也不
说更好？什么都不去争、什么都随缘，是不是一种消极的处事方式？

· **学诚法师**：不是什么都不做，而是要勇猛精进地造善业、净业。人身
难得，不能用它来造恶业，也不能浪费在无记业中。我们说"做事就
是造业"，就是不要把做事情当作只完成眼前这件事，只看眼前的结
果，而要认识到这个业对未来的意义：是痛苦的因，还是快乐的因？

对每一件事都用心做

· **问**：我每天都感觉工作压力很大——有业绩的压力、人际关系的压力。
请问，与公司、同事、领导之间的关系该怎么处理？如果与领导间有
误会，怎样去化解呢？

· **学诚法师**：不要期望太多，对每一件事都用心去做，对每一个人都善
意友好就可以。任何事情都是无数因缘和合而成的，而因缘也会一直
变化。很多问题的解决都需要时间，需要过程，向外求是无解的，返
回自己的心来用功。

成功的人之所以成功，不是因为他们懂得了别人不懂得的道理，而
是因为他们做到了别人做不到的事情。

我想要什么，我能做什么

· **问：** 每当面临选择，尤其是重大选择的时候，我总是久久难以做出决定，怕自己选择了会后悔，感觉怎么选都有些不甘心。一旦做了选择我也的确常常后悔，我该怎么办？

· **学诚法师：** 这是因为太贪心，总是这山望着那山高，什么都想得到。对现有的因缘不珍惜，总是觉得离得远的比较好，舍近求远。选择不能建立在"我想要什么"的基础上，而要建立在"我想做什么""我能做什么"的基础上。要懂得取舍，抓住最核心的东西，且不能脱离现实因缘。

做什么事都三分钟热度，怎么办

· **问：** 我做什么事都不够坚持，三分钟热度，怎么办？我的心情总是随着外境改变，喜怒哀乐又容易表现过头，怎么办？我好讨厌这样的自己。

· **学诚法师：** 让我们坚持一件事情的是愿力，也就是"我想去做"的决心。例如，从现在起给自己制定一个规划：连续一个月坚持每天念十声佛号，然后去完成它。一个月后再来回话。

没有什么事是"只许成功不许失败"的

· **问：** 我得失心太重。面试前告诫自己要轻装上阵，可面试时，却不断给自己加压，想着只许成功不许失败，致使最终没能发挥到最好。请问师父，我该如何调心呢？

· **学诚法师：** 本来就不容易。工作继续找，修行继续修。没有什么事是"只许成功不许失败"的。我们决定不了成败，但要有不屈不挠的发心。

要在承担中增长能力

· **问：** 弟子前几日有幸得到师父的一句法语："怎样去突破我法二执？这就需要安住当下，勇于承担。"师父能对这句话做一下更深层次的开示吗？弟子也想勇于承担，可是如果能力不够的话，反而会不知不觉造一些不好的业。这种情况下该怎么办？感恩。

· **学诚法师：** 要在承担中增长能力，不是要等到能力够了才去承担。一直不去做，又怎么会有能力足够那一天呢？总是觉得自己做不好，担心带来坏的影响，这是妄想、打退堂鼓的心态。

做事要"如救头燃"

· **问：** 用什么方法才能有效对治懒惰这个大问题？如何才能提起自信心
和积极性？

· **学诚法师：** 修行人常说一句话叫"如救头燃"，如果自己头发着火了，
还会懒散拖沓吗？另一个角度，如果做自己最喜欢的事情，或者商人
面临一本万利的生意，还会躺在那里睡大觉吗？也就是说，要首先解
决心理建设，对做这件事的必要性、重要性认识得非常到位。从"要
我做"变成"我要做"，就不会懒惰了。这个心理建设也是需要一个过
程的，要常常去思维体会，同时尽力培养勤奋的习惯。习惯养成后，
不需要刻意提策，就能够做到。

第二章

把事做好，离不开因缘

发心要高调，
做人要低调，做事讲缘起

心心念念、时时刻刻把握住什么事情要低调，什么事情要中调，什么事情要高调，用功就比较容易得力。如果起心动念错了，那就麻烦。此岸和彼岸，关键是现前的一念心。

在寺里，大家都很忙，有做学问的，有专事禅定修行的，有待人接物、处理各种复杂事务的，等等。总之，闲人待不住。

有人提出疑问："要想把各种具体事项做好，做的人应该遵循什么法则？"

法师说："大致可归纳为：做人要低调，要无我；做事要中调，讲究缘起；修行要高调，发心最重要。"

很多人修行低调，做事或者说话高调，这样问题就会很大。比如，说话高调就很容易出问题，这和做人高调一样，就会出毛病。话说出来，做不到，就很被动，久了就会失信于人。

做事情要中调，就是凡事要恰到好处，进退有度，拿捏得比较妥当。

事情有善有恶，那善与恶的区别在哪里呢？恶人看到点滴的事情，现起的都是恶法；圣者面对世间任何境界，内心现起的都是善法。所以，你如果看到任何事情，内心都能够现起善法，那就了不起。

做人、做事、修行，具体到现象上，是不同的三件事，都是点点滴滴的东西，但要想做好，发心最为重要。

心心念念、时时刻刻把握住什么事情要低调，什么事情要中调，什么事情要高调，用功就比较容易得力。如果起心动念错了，那就麻烦。此岸和彼岸，关键是现前的一念心。

做事要在因缘上用心

很多人在做事情的时候，都希望能有一个好的结果，但是往往会忽视好的结果是靠好的因缘条件组成的这个道理。这样的思维模式，就导致了当不好的结果产生时，心会受到重创，产生痛苦，失去创造善因善缘的动力。

在世间，有的因缘是可以创造和把握的，有的则不能，那就要随缘。

比如，我们每年都会举行中秋晚会，而且水平越来越高。但是，最让人难忘的不是一年好过一年的高水平的晚会，而是早年在条件简陋的寺院里，举办的一场露天中秋晚会。

为了呈现这场晚会，义工精心排练了舞蹈、歌曲、心得分享，还有多种语言读诵经典节目，等等。

晚会刚刚开始，正在表演多种语言朗诵的时候，忽然刮起了狂风，下起了暴雨，还夹杂着冰雹，把现场砸得一塌糊涂。大家精心排练的节目不仅全都落空了，而且人也很狼狈，回到房间的时候，很多人都被淋得透湿。

事后，有人问，为什么事先没有预料到有这样一场意外呢？这种情况的出现会不会是什么预兆呢？

这些说法其实都是对缘起法、对万物的无常性不了解的缘故。实际上这样的一个中秋晚会，真正要发挥的是修心造业、凝聚人心的作用。既然目标明确，过程重视，结果就不必执着。

所谓："团聚已成，心业已造。中秋未尽，结未来因缘。外在无常，而心灵亲切、可靠！"

缘起改变了，
结果就改变了

　　我们在做事情的时候，总是希望改变别人，或者希望别人按照自己的想法去做，甚至抱怨别人没有做好。其实，这本身就是忽略了缘起。

　　每个人都要有时间观念，这一点大和尚是如何教小和尚的呢？光告诉小和尚道理是不行的，因为人的习性是多年来养成的，是正常的，是缘起的，是无我的，因此就可以改变。但是，改变不能光靠命令，靠讲道理，而是要靠实践。

　　有一次，大和尚出门开会，带上了小和尚。

　　一般来说，会议都会有流程，安排得很紧凑，大家按照这个流程进行就可以了。

会议开始前，小和尚在房间里看着流程等时间。结果，明明时间还没到，大和尚就敲门进来，质问小和尚："你怎么回事，时间到了，还不动身？"

小和尚委屈地说："师父，时间还没有到啊，您是不是看错了时间？"

大和尚呵斥小和尚："你以为你是谁？你让人家领导和前辈等你一个小和尚。记住，凡事都要打出提前的量，提前十分钟，不要让人家等你。早去了，可以解决一些可能出现的问题，就算是什么问题都没有，作为小和尚早到也是应该的。"

平时，只要大和尚带小和尚出门，都会告诉他有没有时间观念直接体现了一个人的基本素质。像去的路上可能会塞车等这些问题都要考虑进去，否则人的心就会一直提着。

在这个过程中，一个守时的习惯和强大的念力就会被培养出来。长期坚持这样的训练，小和尚的正念、时间观念慢慢就建立起来了。

然后，有机会再给小和尚讲一些道理，做一些开示，这个习惯就会更加巩固，素质也会逐渐得到提高。

有时间观念不仅是一个人基本素质的体现，更体现了一个人具备尊重他人的心和替人着想的心。

我们在做事情的时候，总是希望改变别人，或者希望别人按照自己的想法去做，甚至抱怨别人没有做好。其实，这本身就是忽略了缘起。佛法告诉我们万物是缘起的、变化的，是由各种精神和物质的条件组成的，没有一个独立不变的自性。因此，希望事物向好的方向发展，就去改变缘起，而不是改变自性，因为自性不存在。

缘起改变了，结果就改变了。

一个人缺乏时间观念，那就给他创造机会去历练和调整。慢慢地，他就会越来越成熟，越来越懂得缘起，越来越有能力去处理各种问题。

错会"随缘""放下"的本意，做事就会背道而驰

"放下"是指放下不必要的妄想，不是放弃；"随缘"指的是按照事物发展的规律有条有理地去把握，去推进，而不是盲目冒进。

有人在创业、打拼中失利了，想坚持下去，又害怕最终无果；不坚持，又觉得弃之可惜，很纠结。到了寺院里，清净的环境让他得到了片刻的放松，然后就想到了随缘、放下，可是又增加了一个困惑：既然一切讲随缘、放下，那是不是就不用努力了？但是，不努力又不甘心。于是就问师父："人们都说创业要全力以赴，为了成就一番事业，遇到困难也要紧盯目标，迎难而上。可是又告诉我们一切不要看得那么重。那么这两者之间应该怎么来平衡呢？"

这样的想法非常普遍，关键在于很多人误会了佛教的本怀，错解了

随缘、放下，把这两个词当成了消极、逃避的意思。

其实，"放下"是指放下不必要的妄想，不是放弃；"随缘"指的是按照事物发展的规律有条有理地去把握，去推进，而不是盲目冒进。

该做什么，不该做什么；什么时候做，什么时候不要轻举妄动，都要做到心中有数。这样，好的事业才有可能在复杂的因缘中逐步成就出来。

一旦错会，就会背道而驰。

我们着重强调的是要放下内心的烦恼执着，并不是教人清闲散漫。很多人把"随缘"与"放下"当作躲避困难的借口，既耽误了自己，也冤屈了佛教。

我们讲"悲、智、愿、行"——利益众生的慈悲、无所执着的智慧、坚强不退的愿力、精进勇猛的行为，缺一不可。

不重视眼前的因缘就是妄想。

"放弃"与"放下"的区别在哪

· 问：能否说一下"放弃"与"放下"真正的区别？是不是"放弃"是
半途而废的含义，而"放下"是拿得起也丢得下？请开导！

· 学诚法师：放弃是一个行为，放下是一个心态。放弃了，心里不一定
放下；放下的，行为上不一定放弃。放下就是不再挂碍于任何境界，
好也罢，坏也罢，都不会影响到自己的心。譬如，一个放下了对胜利
执念的运动员，不再去患得患失，只专注于自己的行为，心理包袱放
下了，才能更好地坚持。

不重视眼前的因缘就是妄想

· 问：您好，我对现状不满，想寻求改变。您说过不要这山望着那山高，
要在当前寻求满足感。我这样做是向外寻求吗？是错的吗？

· 学诚法师：有目标并为之努力改变自己，是对的，这也是在向内求。
要破斥的是对自己能做到的不满，却一味幻想自己没有得到的，心总
是向外跑，脚下却一步不动。进步和改变也都是从自己眼前开始的，
不重视眼前的因缘就是妄想。

为什么痛苦，正是因为你太想把事情做好了

· **问：** 我不明白自己为什么这么畏难，面对陌生领域或不擅长的事情，畏难情绪特别重，烦恼特别重，难道我真的是那种很怕事、很没有担当的人吗？只是一两个困难的事情，但从知道要做这件事情起，我就会反复地担心、害怕，精神压力很大，直到搞砸或者勉强做完为止。我看不清自己内心活动的状态和过程。我也一直告诉自己，想不明白就别想了，多祈求吧，祈求自己能有勇气克服一切困难。但是当下真的很难过得去，控制不住自己的压力，连觉都不想睡。我很想尽可能地做好每一件事情，但真的好苦恼。祈请开示。

· **学诚法师：** 不要把它当作需要立刻做好的事——痛苦正是因为太想把事情做好了。我们做事情，往往直奔结果而去，如果是自己不熟悉、没把握的事，就会觉得非常焦虑不安，因为没有经验、没有资源、没有积累因与缘，却想很快有好结果，而且很难接受失败，越是好强的人越容易这样。做一件没做过的事，学习以前不了解的东西，就像种树一样，尽管尽心尽力培土、浇水、施肥，每天都来照料，但一开始似乎看不到它有什么变化，直到一段时间之后，才会发现它长高、长粗了很多。要认识和理解这个过程，用这种心态去做事，专注于自己一点一滴的成长，看到事情的变化与进步，而不是只想要一个结果。

为什么做事不要向外求，要向内求

· 问：您说心要向内求，不要向外求，可是内心空空的要怎么求？向外求又很紧张。我该怎么办？

· 学诚法师：比如说，当我们做一件事情时，向外求，就是想："我做不好，别人会怎么看我？""我做好了，别人又会怎么看我？"；向内求，就是想："我为什么要做这件事？""我有没有尽心尽力？""我还可以怎样做得更好？"

做事总担心做不好怎么办

· 问：该如何战胜自己内心的恐惧？做起事来总担忧、恐慌做不好，怎么办？

· 学诚法师：这都是妄想了。因为太执着结果的成败，心力就不自觉地消耗在了担忧和恐慌上。要把重点放到因上，放到做事上，放到解决问题上，才不会胡思乱想。

做事，不是看自己喜不喜欢，而要看应不应该

· **问:** 我刚毕业出来，可对自己所学专业方面的工作不喜欢做，又不知道自己内心真正需要什么。该如何抉择，迷茫……希望法师开示！

· **学诚法师:** 很多事情，不是看自己喜不喜欢，而是看应不应该。"喜欢"是一种情绪，它是无常的，不足以作为人生的指南和抉择标准。人生应首先确定大方向，小的目标才容易确定。

必须有兴趣才能坚持做一件事吗

· **问:** 您好，我想学一门专业技能，但我并不知道自己的兴趣是什么，也无法坚持，所以现在很苦恼。对于我这种情况而言，是不是现在还没有资格谈"兴趣"，应该先赚钱糊口？

· **学诚法师:** 很多人都认为，必须有兴趣才能坚持做一件事，这样的想法只是为自己不努力找了一个虚无缥缈的借口而已。因为，如果你还没有找到自己很想坚持的事情，就说明你根本没有想象中的"某一个兴趣"，而只是对现在的事情不感兴趣。

所谓兴趣，并不是偶然而有、天生具备的，都是自己努力积累的结果: 要么是今生努力的结果，要么是过去世努力的结果。

解决内心空虚无目标的关键，并不是向外寻求某个行业、某项技能或某个工作，而是向内寻求，建立起积极健康的人生观、价值观，找到自己的理想。

有责任心，事情就是应不应该做，而非喜不喜欢做的问题

· 问：我这个人有个很大的毛病，遇到自己不想做、不喜欢或者害怕的事情，总是有逃避心理。怎样让自己心智各方面都能成熟起来，变得有担当一些？

· 学诚法师：要培养责任心。有责任心，事情就是应不应该做的问题，而不是喜不喜欢做的问题。一个人应该常常去想：我的责任是什么，对于家庭有什么责任，对于公司有什么责任，对于行业有什么责任，对于社会有什么责任，然后人生的路才会越走越宽，越走越有力量。不能只想着自己或与自己有关的几个人，那样心就很小，很容易出问题。

做什么，不能根据兴趣来决定

· 问：我觉得自己的兴趣太多了，什么都想做，最根本的原因是不知道自己要什么，要过怎样的生活。我该怎么办？

· 学诚法师：自己到底要做什么，不能根据兴趣来决定。兴趣如果没有

更深层的认识和信念支撑，也很容易改变。还有很多兴趣都是与五欲相连的，对自己和他人都没有益处。

人首先应该有大局观，也就是对自己的生命要有长度和广度的考量；有清楚的价值观。大处有决定，小处才懂得抉择。

多做事，才能知道自己的不足之处

· **问**：如何才能知道自己的不足之处？有什么方法吗？

· **学诚法师**：多做事，多与人打交道。在面对境界的过程中，自己的烦恼、不足都会显现出来。看看自己能不能把事情做成、做好、做长久，周围的人是不是喜欢自己、信任自己，这都是非常实际的。

第三章

做事执着好吗

世间从来没有不变的东西

　　世间的任何事都是变幻莫测的，我们就是要在这些无常的境界里不断磨炼，不断地体悟——只要我们认为自己的某个想法和观念永远是对的，是可以永远当作标准来衡量外境的时候，就一定会碰壁。

　　小和尚要跟师父出门开会，看看天比较阴，像是要下雨，就说："师父，今天出门可能会下雨，是不是带上伞？下面房间有把折叠伞，我去拿上来吧？"

　　师父说："不用，如果下雨，组织活动的单位会提供雨伞。"

　　小和尚一想，确实是，就高高兴兴地出门了。果然，会议的主办方安排得很周到，雨伞早就准备好了。

　　后来，小和尚又跟师父出门，有人提醒他是不是要带雨伞。小和尚根据以前的经验，不假思索地说："不用带伞了，如果下雨，组织活动的单位会提供的。"

师父说："要带。"

小和尚说："为什么，师父？"

师父说："你不需要，别人需要！"

这是个真实发生在寺院里的故事，它告诉我们，万物都是各种因缘条件组合而成的，没有一个固定不变的自性；而且，这些条件在不断地变化。我们内心里认为的那个不变的东西，其实是不存在的。

世间的任何事都是变幻莫测的，我们就是要在这些无常的境界里不断磨炼，不断地体悟到——只要我们认为自己的某个想法和观念永远是对的，是可以永远当作标准来衡量外境的时候，就一定会碰壁。

只有把自己内心里认为是可以恒常不变的观点、看法——放下，我们才能够体会到做事情的真正意义和价值，事情也才能真正做好。

为什么任劳容易，任怨难

人被别人埋怨，心里不舒服，根本原因还是自己内心有所求、有执着，执着于期望得到他人的肯定和感激。

平时，我们承担事情、修行、学习、出力气、出钱，都不是难事，难的是受委屈，心里憋屈。有时候，你可能真的是为别人着想，但对方不领情，误会你，甚至中伤你，等等，我们就受不了。

况且，很多时候也不可能做到十全十美，都会有很多不如意的地方，这时就更可能会招人抱怨。

有一个人，平时很乐于助人，别人有什么忙，都尽力去帮。有一次，他好心送朋友外出看病，由于路况没有掌握好，耽误了看病的时间，朋友当时没说什么，事后却不断埋怨。这让他心里很不舒服，很长时间都想不通，觉得自己付出了真心，但是最后却落得这样一个结果。

他自己也知道不应该这样情绪化，但内心就是无法从中解脱出来。对于以后再遇到这样的事情应该怎么办，也很迷茫。

所谓"任劳容易，任怨难"，人被别人埋怨，心里不舒服，根本原因还是自己内心有所求、有执着，执着于期望得到他人的肯定和感激。我们帮助别人，一定不要执着于对方的肯定或抱怨。况且，做任何一件事也不可能全部圆满，没做好，恰恰也体现出我们福德与智慧的不足。

看到失败的地方，这正是我们反观自心、提升自身能力的好机会。

多这样看问题，人生的路就会越走越宽。

认为是你做的，
功德再大也是小

认为是你做的，功德再大也是小；不认为是你自己做的，功德就无限了。

有一位小和尚，师父天天让他做各种事情，他也比较老实听话，就埋头默默地做。做久了，有了疑惑。有一天，他去问师父："师父，我这样成天做事情，行不行？将来能否成就？"师父说："可以。"

小和尚问："那是怎么回事？"

师父说："只要你不认为是你做的就行。"

小和尚说："不懂。"

师父说："认为是你做的，功德再大也是小；不认为是你自己做的，功德就无限了。你看古往今来的得道高僧，成就了无量广大的事业，但从来不认为那些事情是他做的，你也一样，只要这样就行。"

功德无量。

总是静不下心来做事怎么办

· 问：您好！我总是静不下来，读书、看电视精力总是不能集中，而且睡不着觉……前不久去医院做了测试，说我有抑郁症。我配合吃药和看书，但都没办法静下心来，请师父帮我指点迷津。

· 学诚法师：给自己制订一些计划，例如每日运动半小时，每周读一本书，等等。然后专注于执行这些计划，完成它们。若能长期坚持落实计划，身心就会渐渐安定、充实，增长自信。

不执着目标，不强求结果

· 问：您好！做一件事时，如果对结果不在意，那生活和工作怎么往前走？

· 学诚法师：要有目标，而不要有执着。不在意结果，强调的是"果上随缘"，绝非否定设立目标。人必须要有愿力、有目标，然后尽自己百分之百的努力。至于结果，并不是自己能主宰的，所以不去强求。

怀着这种心态，人才能更好地生活、工作。反过来，非常在意结果导致不能全心全意做事而失败的例子，在生活中比比皆是。更有人因为结果不如意，丧失了继续前进的信心，颓唐失意，一蹶不振。这都是在目标上附加了执着的包袱造成的。

做事要规划好时间，才能心不累、人不累

· **问**：我知道做事要规划好时间，做好计划，才能人不累、心不累。但是每每制订好计划、规划好时间，却总是不能很好地执行，总是在忏悔和反省当中。如何才能更好地坚持呢？

· **学诚法师**：刚开始，规划不能太满太细，否则容易失去信心。

为什么"无论怎么努力还是不能改变"

· **问**：明知自己不是完美的，可是无论怎么努力还是不能改变。接受无能为力的自己很痛苦。

· **学诚法师**：如果急求果相，就会发现"无论怎么努力还是不能改变"。其实不是"不能"，而是非一夕之功。

很多人想要的改变，是短时间内焕然一新，一分努力十分变化；甚至不想付出努力，而是透由外境的帮助就脱胎换骨。这是不现实的。

改变，在于一点一滴地积累。在你察觉不到的时候，犹如孩子一天天长大，犹如种子发芽至开花。

我们应安住于当下，一念一念地转心，一个行为一个行为地改变，日积月累，就会有很大的变化。

放不下某人、某事，其实你也抓不住

· **问**：放不下自己觉得该放下的东西，怎么办？

· **学诚法师**：放不下某人、某事，其实你也抓不住，都是自己内心念头的执着罢了。不管心里怎么执着，外在的人和事都会随着因缘而变化，放不下，只是自己把自己困在了一个妄想的笼子里罢了。多去"提起"应该提起的东西，不要继续为这个妄想输送心力。

什么叫"假放下"

· **问**：请问您，一个人，吃亏就吃亏，没什么钱也尽量匀出来一点儿捐款做好事；没有生活规划，过一天算一天；对钱财没看得很重，生活过得很马虎。这种状态需要怎么改善呢？

· **学诚法师**：没有方向、没有目标，生命的轨迹就是非常琐碎的，连不成线，没有力量。表面上"洒脱"，其实是内心无力的表现，尚未提起，却以为已放下。人应该拥有一种正确的生活目标和生活方式，来实现生命的意义和价值。

做计划不能太多太细

· **问:** 您好,我每天都会做计划,但是总也完不成,然后会很疲惫,好像对自己要求很多,又很贪婪。怎么办?

· **学诚法师:** 做计划不能太多太细,不能高估自己的执行力,要确保可以完成,这样才会增长自信。也不要执着于计划本身,这是一种工作方法,避免自己过于散乱,辅助集中注意力。

第四章

管理禅

管好你自己，
不要老想着管别人

在管理中，我们都是愿意要求别人，给别人制定种种的规则，要求别人这样，要求别人那样。但实际上，人家是不是能做到，能做到什么程度，环境条件是否能够支持这些要求，我们不一定都想得很清楚。

有一个小和尚请教师公，应该怎么做事。

师公给他的答复是：管好你自己，不要老想着管别人。

这句话看似简单，但实际上却是意味深长。我们人的习气都是向外看——看别人的缺点和毛病，很少有机会回过头来看看自己。就像在管理中，我们都是愿意要求别人，给别人制定种种的规则，要求别人这样，要求别人那样。但实际上，人家是不是能做到，能做到什么程度，环境条件是否能够支持这些要求，我们不一定都想得很清楚。

事实上，大多数人对别人的管理和要求都是出于急于达到某个目的，完成某个目标而仓促推进的。

如果在推进过程中，没有达到自己的要求，或者遇到抵触情绪，就会激发自己的烦恼，促使自己更加强行推进。而对方的烦恼也会越来越激烈，抵抗就会越来越激烈，这时候就会想到制定种种的惩罚措施，最终导致事态越来越紧张。

如果侥幸没有抵触和对抗，其实也不见得就是安全的，一般都是大烦恼压服住了小烦恼，出于生计、伦理、胆怯等原因，一些情绪都被隐藏了起来；以后一旦遇到因缘，还是会成熟、爆发。

修行就是基于这样一个道理，不管什么事情，都是先管好自己，然后去影响和带动别人。

有一位工程师，去一个比较落后的地方的工厂援建，发现很多人吸烟，他就每天去捡烟头。大家都很诧异，不知道他这是干什么。之后就有人跟着捡，后来带动很多人都捡。一段时间之后，乱扔烟头的人越来越少，吸烟的人也越来越少，直到彻底消失。

后来大家才明白，工程师是不希望这个工厂有人抽烟。如果他下命令的话，乃至制定规则，不一定就能做到。通过这个方式，就做到了。

当带头人，要让大家感觉
你对每个人都没有分别心

一般情况下，你去表扬一个人，他可能会变得傲慢，而其他人就会觉得他做得还没我好，你怎么表扬他。要记住，表扬和批评私下里可以，公共场合要特别注意。

寺里的教育是修行时间久的引导修行时间短的，有经验的带动没有经验的，和世间有共通的地方。

但是，真的做起来，就不是那么简单了，就会有种种的逆缘显现出来。

曾经，有一位师父带领一批人修行和学习，因为每个人的性格、生活经历、教育背景和学修程度不同，再加上错综复杂的人事关系，就产生了种种的麻烦。

这位师父感慨，带人实在是不容易，找麻烦的人越来越多，于是内心动荡不安，慢慢地感觉到心力不够。

老和尚就告诉他，在世间修行就是这样，要学习慢慢让心"八风吹不动"。其实，找你麻烦的人，都是跟你有缘的人。想想，如果是陌生人，他也不会找你的麻烦。所以，既然有缘，就要好好善待。缘，有可能是善缘，也可能是恶缘。做得好，恶缘可以转化成善缘；做不好，善缘也会变成恶缘。

当带头人，要让大家感觉到你对每个人都一样，没有分别心，这样你的工作就好做。比如，你如果觉得某个人好，就表扬，结果他明天变了，这时你就麻烦了。

所以，赏和罚不能随便用。一般情况下，你去表扬一个人，他可能会变得傲慢，而其他人就会觉得他做得还没我好，你怎么表扬他。要记住，表扬和批评私下里可以，公共场合要特别注意。

做事情不容易，搞管理不容易，但总是要有人去管，总是要有人去做。要成就，总要过这一关。能带几个人，以后带团队就没有问题；带了团队，再做当家都没有问题，知道怎么处理事情。这是很好的一个锻炼。否则，直接当家，就容易出问题，心力会过不去。因为没有经过种种的磨难，人不会成熟。没搞过管理的法师，就算再优秀，也很难处理好事情，做事情就容易砸锅。管理是要处理众人的事情，修行则是个人的事情。个人的事情当然好做了，处理众人的事情就难得多。

少忧事，多忧人，
是把任何事做好的窍诀

在日常生活中，要多代他人着想，将心比心。看起来是个很简单的事，但却是重要的修行方式，也是解决生活和工作中问题、矛盾的窍诀。

有一位信众告诉我，有一天早上他在工厂和负责人讨论他们的产品在质检中出现的质量问题。当解决了问题后，这位负责人还是对有关部门的工作作风愤愤不平，在那里大声质疑，而旁边的人都没有理睬他，场面一时很僵。有人忍不住，就辩解了一两句，气氛马上开始升级。接着，辩解就成了顶撞，讨论马上就成了争执。

这位信众平时用功比较得力，就想，刚才大家讨论的可能不是彼此真正关心的问题，就示意大家先不要争论。由于他平时人缘比较好，大家很快接受了他的建议，将升级的争执暂时平息了。

这位信众知道这位负责人刚做完大手术，在尊重他关于产品质量的看法之后，又讲了一些调养身体的话，这位负责人就完全安静下来了。

这件小事情看似简单，其实也不简单。所以，如果遇到任何事时将心比心，体会别人的想法，就能真正把事情做好。

其实，对很多人来说，未必是要给很多物质上的东西才能圆满，关照到对方心里的需要才是最重要的。

不管做任何事，佛门里的窍诀都是"少忧事，多忧人"。

看一个人，
要从长远的角度去看

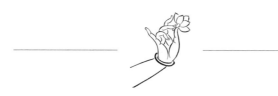

人心是无常的，一个人现在很发心，不代表他一直会发心；现在很能干，不代表他一直很能干；现在很听话，不代表以后会一直听话……

在寺里，每个人的脾气秉性各不相同，有的很发心，有的不发心；有的很能干，有的不太爱干事；有的很听话，有的不太听话；有的持戒很注意，有的比较马虎；有的很勤快，有的不够勤快，不一而足。

有人跟师父说起这些事情时，师父不置可否，不下结论，不回应。大家就问，为什么呢？

师父告诉大家，人心是无常的，一个人现在很发心，不代表他一直会发心；现在很能干，不代表他一直很能干；现在很听话，不代表以后会一直听话；现在持戒很重视，不代表以后就一直很重视；现在很勤快，不代表以后会一直勤快。

看一个人，要从长远的角度去看。自己修行、做事，也要从长远的角度去行持，去用功、用心。

大家就问师父："那我们修行和做事怎么才能保持这种长远心呢？"师父说："一定要有追求。"

人的基本需求是一致的，精神层面则不同。你每天有没有追求？没有追求，也就没有愿力，没有方向，就会每天优哉游哉混日子。

就像世间人参加奥运会，有奥运精神，要争取拿金牌，就会有动力，就会去拼搏。其实，大部分人平常想很多，多是没必要地想，很多思考只是浮想。所以要有高远的追求。有了高远的追求，依然只是开始，还要具体落实到每一个行动上，要谦虚、老实，脚踏实地地去做。

修行，就要有志气，干哪行爱哪行，还要能吃苦、耐劳，才会有成就。

懂得配合别人，
才是真正会做事情的人

一个团体中，要生存，要管理，要做事，就要有分工。如果大家都希望出风头，都希望别人配合自己，而不愿意去配合别人，那这个团体肯定就不能健康运转。

有一个小和尚，被通知参加一个颁奖活动。出发前，他问师父："师父，人家颁奖，我也不确定有没有咱们的奖项。如果没有的话，咱们就别去了吧，省得给别人当陪衬。"

师父说："给别人当陪衬也很好啊。"

小和尚心里一惊，意识到：师父多年来一直教导自己，做事情的时候要懂得去配合别人，不能总是凸显自己。当自己要去参加颁奖会的时候，内心里是希望获奖才去，不获奖就不去。这个就是我执。

一个团体中，要生存，要管理，要做事，就要有分工。如果大家都希望出风头，都希望别人配合自己，而不愿意去配合别人，那这个团体肯定就不能健康运转。世间的很多矛盾、纷争都是由此而引起。

实际上，自己的人生价值是在发挥别人的价值中体现的，自己要成为众人的一部分。

这个理念对世间事业也是有帮助的。

在世间团队中，如果大家都想凸显自己，那就无法保证团结，也就无法发挥团队的力量。现在比较强调的团队精神，其实也是在强调个人和团体的关系。要能够重他轻己，重视团队，放下个人。

做事要发长远心、平常心

　　事情的各种缘起都非常复杂，如果只看到表面现象，就很容易乱发心，反而添乱，不能成事，甚至办错事。

大家常常讲发心，就是说要发起精进的心、勇猛的心、慈悲的心。

实际上，人的心是可以通过努力策励起来的。不然，心就会无力，就会颓废，乃至堕落。

但是，发心要有度，初学者容易失控，可能会吃得少，睡得少，甚至夜不眠。一段时间之后，心就发不起来了，修不动了，乃至睡得也多。

小和尚常常会问老和尚，应该怎么修行？

老和尚就会告诉他，要发长远心、平常心。

意思就是要走中道，张弛有度；不能偏紧，不能偏松。

世间一个团队里做事也是这样，刚开始都很发心，这个时候，就要求组织者要掌控住各种发心，让该发的心发起来，不该发的心不能随便发。有益的事情要做，无益的事情就不能做。合适的人在合适的岗位上，做合适的事情；不合适的人要管理好，不能随便做事。

事情的各种缘起都非常复杂，如果只看到表面现象，就很容易乱发心，反而添乱，不能成事，甚至办错事。

简单说，就是要让合适的人发挥作用，不合适的人暂时不要发挥作用；为合适的人提供更广阔的空间发挥作用，让不合适的人找到合适的因缘后再发挥作用。

做领导，
最关键是协调关系、化解矛盾

> 管理的真谛根本上还是做人心的工作，不能怕麻烦，不能畏惧，要有协调关系、化解矛盾的能力。

有一个人以前从事管理工作，经验很丰富，于是师父让他操办一些事务。不久，他就觉得身心俱疲。原因是下面的人彼此之间不合作，矛盾很深。

过去做事情，靠的是经济杠杆进行调配，现在这一套不灵了，大家都是义工，都不拿钱，谁也不服谁。下达的命令不能很好地执行，甚至执行不了；想解决和处理一下，发现没法下手。拖延一段时间后，矛盾和积怨更多更深了，各种头绪更加复杂。

于是，他向师父请示怎么办。

师父告诉他:"做事情,关键是协调关系。你没有协调关系的能力,人一多,大家就不齐心。今天还挺好的,明天就起烦恼。带头做事情的人要想办法让大家相安无事,这就是一个很重要的工作,而不是只管下命令。"

他意识到自己过往确实只是一直下命令,然后就去要求结果,当然不可能有什么好结果了。

师父还告诉他,"做事情,还要有化解矛盾的能力。一件事情,人家反映到你这里是想让你解决,你不但解决不了,反而将这个矛盾上交,这就会扩大矛盾,下面的人也会有意见。所以事情到了你这里,你必须想办法解决。怎么解决?你只要让大家高兴就可以了。烦恼调伏了,问题自然就没有了。你不能去评理,起烦恼的时候都是没有道理的,谈道理没有用,所以你要让他止息烦恼。"

后来,这个人重新调整了认识,开始从师父讲的这些角度去处理问题,渐渐就感觉比较得力,也逐步认识到过去在世间从事"人力资源管理"中的组织、调配、协调,与佛法是相通的,根本上还是做人心的工作,不能怕麻烦,不能畏惧,要培养自己协调关系、化解矛盾的能力。平时要培养自己的包容心,不排斥别人,要什么样的人都能接纳、体恤、用得上。

包容别人,就跟包容自己一样。就像我们每个人身体里有那么多脏东西,如果不包容,把它全部都掏出来,人也就活不下去了。

要经常原谅别人，
不然自己难受

　　成办事业与一个人的为人有很大关系。"宽则得众"，原谅别人就是善待自己。

　　有两个人，一位能力比较强，一位能力稍微欠缺一点儿，同时被派出去做事情。能力强的那位刚开始很得心应手，能力欠缺的那位就显得逊色一点儿。

　　但是经过了一段时间之后，能力强的那位事业开始遇到很多瓶颈，干不下去了；而能力稍微欠缺一点儿的那位事业却越来越有起色，最终做得风生水起，帮助了非常多的人。

　　有人问师父，这是怎么回事？

　　师父引用了《论语》里面的话："'有一言而可以终身行之者

乎？''其恕也。'"

就是说，要经常原谅别人，不然自己难受。

成办事业与一个人的为人有很大关系。"宽则得众"，原谅别人就是善待自己。

现代社会，格外强调分工协作，分工就是要互补。一个人不可能样样都行，没有缺点；一个人的长处往往同时也是短处，任何事物都有正反两面性。

能力只是成办事情的一个条件，不是绝对的。懂得宽容，能够协调、组织更多的人做合适的事情，才能真正成事。

有的人在一起学习还可以，但是一起做事情就闹矛盾，各有各的一套。学习是抽象概念，想着要成佛度众生；而做事是具体度众生，要度具体的人。

我们说度人，怎么去度？他骂你，你还度不度他？

其实，每个人看问题的角度不同，也就是人的思想不同，人心的境界也不同。

把抽象概念当成具体概念就不好办事了。为什么理论不能与现实结合？一件事情，从不同角度、不同立场来看，得出的看法可能就不一样。就像从不同角度、高度看房子，如从上往下看、从前往后看、从后往前看等等，样子都不一样，这跟人的视角相关。

人的心灵境界有多宽广、多高远，对事的认识就相应地不一样。认识不一样，就不容易一起共事，那就要看谁的内心比较宽容，能够放得下自己的想法。

做事情，没有互相依靠、互相帮助的精神，就不容易成功。要认识彼此的因缘条件，心里容得下人；如果每个人都认为自己重要，自己所做的事重要，忽视外在的人和事，就办不成事。

坚持随众，服从管理，不说是非

当所有的管理都围绕着"坚持随众，服从管理，不说是非"的目标来实施时，事情就好办了。大家一看就知道自己该做什么，不该做什么；什么是对的，什么是不对的。

在团队中，我们非常注重培养人的集体意识，要求放下个人的见解、意见、观念，为大众服劳，而不能强调自我。这样才能放下名利心，放下凸显自我的心，走上解脱之路。

大家和合，相互接纳，如同水和乳一样交融在一起，而达到消弭自我的目的。戒律中的很多精神内涵也都是在讲这个。

同样，世间人修行也是如此。

在团队中，人多了，就需要规则，需要管理，需要有序。管理者就会不断地制定各种各样的规定，结果发现每个规定都不太好落实：要不就是一刀切，要不就没法执行。不执行，时间久了，就形同虚设，成了走过场。

最后就形成"不管就乱，一管就死"这样一个局面。

师父就告诉大家，修行要抓住重点——坚持随众，服从管理，不说是非。

一切的规则要围绕这个原则来制定、来执行；所有的管理目标都指向这个方向，事情就好办了。这十二个字看似简单，其实就是破除我执。关键在于这十二个字能看得懂，有下手处，大家一看就知道自己该做什么，不该做什么；什么是对的，什么是不对的。

对于我们来说，用功的点也在这里。慢慢通过点滴的行持，在各种事项中找到自己的不足，调整方向，天长日久，就能融入大众，调伏烦恼。

常常有人在修行的过程中，与团体里的人相处不好，喜欢看别人的过失，就会想要自己找个安静的地方住。其实，修行人是依正念而住，要时刻注意自己在做什么，为什么要做，而不是找个借口把自己藏起来。

如果一个人的心一直远离大众，若干年之后，他就没法与大众融合起来。同样，善法也就不能进入他的心中，不论什么人跟他讲都不能听进去，自己翻来覆去，最后会非常苦恼，这是自他不二的道理。如果心能融入大众，生命与大众融为一体，就会活得很有意义。

修行是这样，世间的生活和事业也是如此。

随众:别人干什么,
你就好好地跟着干什么

>   随众的意思是别人干什么,你就好好地跟着干什么,不要
> 自搞一套,不要老是想着彰显自己的个性,而是学习在大众中
> 磨掉自己的习性,如同水滴一样融入大海。

一个人问老和尚,要怎么修行。老和尚回答:"你坚持随众二十年,
就能成大德。"

**"随众"的意思是别人干什么,你就好好地跟着干什么,不要自搞一
套,不要老是想着彰显自己的个性,而是学习在大众中磨掉自己的习性,
如同水滴一样融入大海。**

默默地跟随大众一起做各种功课,要有意识地参与,不找借口,不
放逸,不拖延。这听着简单,但做起来就不那么容易了,长年累月,那

可不是一般毅力能做到的。

但，修行就是在这一点一滴当中。

我们要建设寺院，要种地，要持戒，要诵经、用斋、作息，等等，要做种种弘法利生的事业。一个个体在这其中坚持住，就是最好的修行。

放下，遇到境界，大家都能说上几句，也都能知道这个理路。但是，做到，要靠长期的随众。放下，就是放下自我，放下自己种种的知见、看法、意见、想法、观念，就是放下我执。

光说是没有用的，就是要在具体的事情当中，一点一点地随着大众磨，内心一点一点地成长和光明。

规定几点起床、几点上殿、几点过堂、几点出坡、几点上课，只要你去坚持，就是遵守戒律；你每天这么做，就是定；你每样都做好了，就是慧。在随众的过程中，戒定慧功德都成就了，这是一种很高的修行。

离开了具体而现实的生活，离开了具体而现实的人，是没有修行的。

要经常原谅别人，不然自己难受。

领导如何服众

· 问：这几天我都一直跟员工干一样的活，什么话也没说。为什么员工们更是肆无忌惮地让我干这个干那个，自己却在旁边坐着？难道他们觉得我好欺负吗？我不知道自己应该处于一个什么位置，应该跟上级领导汇报吗？可是我该怎么说呢？

· 学诚法师：领众，要有大局观，能承担责任。别人做不到的事情，你要能够做到；别人做得到的事情，你要比他精通；别人的过错，你要能够包容和帮助他改正，这样才能够服众。自己慢慢学习，不要急。

团队做事，要抓住大方向，包容小不同

· 问：作为团体中的一员，与大家意见不一致该怎么办？每个人都只考虑自己的利益，而我不擅长与别人争论这些，却又心有不甘。因为我觉得我在这个团体中不是来维护人际关系的，我应该通过努力来得到回报。这样想对吗？

· 学诚法师：只要是团队，就存在要统一知见的问题，这需要大家有共同的愿景。如果出现分歧，要想办法求同存异，抓住大方向，包容小不同。

有人觉得处理不一样的意见很烦、很累，就不想要团队。个人做事的确可以不受干扰，但一个人能做多少事、多大的事呢？又怎么发现自己的问题，怎么进步呢？

怎么能让枯燥无味的事重复做也不会厌烦

· **问：** 您好！我没有恒心坚持把同一份工作认真地做下去。怎么能让枯燥无味的事重复做也不会有厌烦的心理呢？

· **学诚法师：** 有心，重复就变成了坚持；无心，重复就变成了折磨。首先是情绪不好，内心排斥，然后才会感到工作沉闷、枯燥无味，自己的心态是关键。做事情也好，干工作也好，面对人生也好，都需要对自己的行为有清醒的认识和方向。自己要有主动性、有愿力，不然就会被工作所绑架，被生活所裹挟。

很多事，不能只指出问题，还要有好的建议

· **问：** 如何在团队中提出正确的见解？

· **学诚法师：** 先与大家一起发心、承担，成为建设小组的重要力量，彼此信任后，再提出自己的改进建议。

人们对于与自己一同努力过的人提出的建议会重视和感激，但如果只是一个在外观望、持怀疑态度的人提出的建议，大多会被认为是不受欢迎的意见。这就是双方信心基础不同的缘故。

　　很多事，我们不能只指出问题，更重要的是：自己有什么好的建议、方法，为解决这个问题做出了多少努力。如果缺乏这些只剩批评，那就成了一个批评家，于人于己于事的帮助都不大。

每个人都需要发心、发愿，才能感觉到人生的价值。

中篇

为人处世，
皆有妙法

第五章

物忌全胜，
事忌全美，
人忌全盛

弘一大师曾于1933年在厦门妙释寺写了一段新年贺词，叫《改过实验谈》。

普通人过年的贺词一般是"恭贺新禧"，而大师写的是"改过自新"。其中，有十条重要的开示，不仅在当时很实用，就是现在也非常实在，非常应机，可以指导我们的日用，指出的都是常人最容易犯的，而且往往容易引发很大问题的错误。

为什么做人要虚心：
虚心的人拿得起，也放得下

古往今来，有成就的人都有一颗谦虚的心。狂妄和骄慢必招致祸患，早晚的事。

什么是虚心呢？其实佛门不讲"虚心"这个词，它用"空心"，用"无"用"幻"——"一切如梦幻泡影，如露亦如电"。

古代，有人给自己起名叫无心道人，意思是没有心了，也就没有烦恼了。

在佛门看来，虚心的意思就是内心里没有"看不上别人，看不起别人，看别人不顺眼，嫉妒别人"等这些"贪嗔痴"的东西。

不虚心就是有这些东西，带给人的实际上是自我伤害，也伤害别人。

虚心在现实中包含"谦虚"的意思——当我俩之间沟通一件事情时，就算我对，我也愿意认真倾听你的意见。首先在态度上不能排斥别人，不要损恼别人，不要让别人难受，然后才有更好的沟通结果。

虚心还有甘居人后、甘拜下风的意思，就是让我们平常不要总想着去战胜别人，不要跟别人比。为什么非要把别人比下去呢？

其实，虚心有着很深刻的用意——做事情要认真，但是不要当真。什么是当真？不虚心就是当真了，也就是执着了。不虚心的人，有什么事情都会在心里挂碍着，爱计较，活得纠结，烦恼至上。

在世间，一个虚心的人自然会活得游刃有余，做很多事情；拿得起，也放得下，不会在乎得失。哪怕今天有上亿的财物，明天是乞丐，他都能过得开心，因为他知道一个亿是虚幻的，乞丐也是虚幻的。

但对不虚心的人来说，如果一个亿的财产没了，可能就不想活了。

对世间人来说，如何训练自己的"虚心"呢？

可以乐善好施，多布施，多去参与公益慈善活动，慢慢地人就变得虚心了。比如说奉粥，不管你是企业家，是老百姓，还是知识分子，大家一早三四点钟起床熬粥，到大街上弯腰送给陌生路人，实际上就是训练自己的这个虚心、谦下的心。

为什么做人要慎独：
让自己言行一致

　　慎独的目的就是防止自己被烦恼欺骗，达到言行一致、表里如一的境界，特别是自己独处的时候，要学会杜绝很多不善之念。但是烦恼有伪装的能力，没有功夫，就很难识破它，就会觉得自己的想法很对。

　　什么是慎独呢？慎独就是持戒，遵守戒律。

　　自己要求自己、约束自己的要做到，利益别人的要去做。总之，要求自己的没做到，犯戒；利益别人的你没做，犯戒。

　　佛门有一个说法，叫五年学习戒律，十年才能当和尚，然后二十年才能独处、独住。

　　也就是说，特别的修行人头 5 年要学戒律；学习完后，戒条要背下来，每半月所有的人都要集中在一起，要念一遍……

另外，二十年之内，你不能单独住，不能拿手机，外出必须两个人……

总之，凡是诱惑自己的东西，就尽量远离。这样二十年以后，人的自律性就没有问题了。

那么，具体在世间，慎独是什么意思呢？人为什么要慎独？

慎独的目的就是防止自己被烦恼欺骗，达到言行一致、表里如一的境界，特别是自己独处的时候，要学会杜绝很多不善之念。但是烦恼有伪装的能力，没有功夫，就很难识破它，就会觉得自己的想法很对。

慎独就是一种修行。像我们平时跟别人在一起的时候，可能都会不由自主地戴上一个面具，但私下里我们可能就不是这样的。比如一个人下班回到家里，可能会特别放松，东西随便一扔，往床上四仰八叉一躺……

但修行人不会这样，当他独处在房间的时候，一般情况下不会随便躺在床上，包括晚上睡觉的时候，都是不脱衣服和衣而眠的。总之，慎独就是要求我们不管在人前人后，都应该知行合一。

为什么做人要宽厚：
狭小的心，处处都是问题

人生在世，尤其忌讳精明过头，忌讳人心的设计和雕琢。

圣贤处事，唯宽唯厚。

宽是心胸宽广，厚就是厚道。这里有一个很典型的公案，说是有一个人遇到一些挫折和伤害，内心很苦。禅师让他把一撮盐放到一杯水里，结果，这杯水变得又苦又涩，没法喝了。禅师又让他把一撮盐撒进湖里，问他，湖水有没有变咸？

在这个故事里，水比喻我们的心，盐比喻生活中的种种挫折和伤害。

我们一定要清楚，人生一世，挫折和伤害等无常一定会存在，心量大，就无所谓；心量小，就过不去。所以，我们一定要学会扩大心量——心胸格局。

宽广的心，就没问题；狭小的心，处处都是问题。

何谓厚道？儒家讲厚德载物，佛家讲的是慈悲，能容人、容事。你心里装着多少人，你的心就有多幸福。厚道的反面就是自私，心里只有自己的苦乐，就无法体会别人的忧苦，就会没有智慧。

据记载，明朝名臣杨荣，历仕四朝。他的祖父跟曾祖父以摆渡为生，当地曾发大水，他的祖父跟曾祖父"唯救人"，所有的货物都没有拿。当地人还笑他们愚笨：这么好的发一笔横财的机会都不要。

杨家宽厚豁达，后人也以此效学，为学和为官都备受尊重。在父亲去世的时候，杨荣回乡办理丧事，特意查点了乡里平时向家中借钱粮而无力偿还的人，然后将他们的欠条全部焚毁。又帮助族中贫穷的人安葬其家人；对穷苦弱小而不能自谋生计的人，帮助他们娶妻或嫁人；看到为家产而争夺的人，就把自己家的田地分给他们。后来朝廷下诏召杨荣回朝，宗族亲戚和乡邻都流泪为他送行。

历史上，能够成就事业、利益苍生的人，都有心地宽厚的品质。修道也是如此。宽厚不仅是做人的基础，也是成就道业的基础。

宽厚是一个道理，如果不能践行，意义就不是很大，还是要成为自己内心的品质。这就需要在生活中点点滴滴地去培养，在与人交往，为人处世的过程中，多找自己的问题，少要求别人。

为什么做人要吃亏：
学会吃亏，最终得到的比失去的更多

　　俗话讲"吃亏是福"，是讲人与人交往中，逢名利，多谦让给别人，不能把利益看得太重。

　　无论是居家生活，还是做大小事业，都会在人和事上产生种种的分配，或多或少，有形的无形的，难得一碗水端平，认识到这一点，就比较能接受可能发生在自己身上的一切不公平待遇。

　　肯吃亏的人，就能在复杂的人生境遇里坦然度过自己的一生；不肯吃亏的人就会斤斤计较，就会黏着，不肯放下。目光短浅，就会巧取豪夺，虽然很多时候也能得到一些眼前的利益，但是从长远看，失去的要比得到的多。

　　在中国民间一直流传着这样一首诗：千里修书只为墙，让他三尺又何妨。万里长城今犹在，不见当年秦始皇。

这首诗背后的故事，很多人都听过，被演绎成很多历史名人和典故，版本大体差不多。是说有一个人在京城做官，家乡的老宅和邻居的宅院发生了地界的纠纷，相持不下，家里人想托在京做官的亲人回来撑腰，讨个公道，就给他寄了一封家书。收到家书之后，这位官员就回了上面那首诗。

家里人读了后，很惭愧，也很受启发，就主动让出了三尺地。邻居见状，也让出了三尺地。两家人从此相安无事。

让出的这六尺地，就形成了一个六尺宽的巷子，人称"六尺巷"。

从明清时期开始，这个故事流传很广，成为很多人提策自己、教育后代的典故。故事有很多版本，说明大家从内心里认同和喜爱这样一个人生境界，知道这样做事，能够给自己带来更广阔的空间和福报。现实生活中，这样的事情其实是很多很多的，但我们在实际面对的时候，往往会争一口气，不肯吃所谓的亏，最后轻则伤和气，重则酿成悲剧。

民间常说"临时抱佛脚"，意思是，到境界来的时候，可能就晚了；脾气一上来，知道道理也没有用，嗔心降伏不住。

那就要平时多做训练，比如布施，让我们平时就训练乐善好施的心，利人的心。长年下来，到了境界来的时候，亏就吃得下去。

让自己的心量无限扩大，吃亏这种事情就不是什么事了。这样的人生才有更高的境界，更多的机会和可能。

为什么做人要寡言：
无用的话、没有意义的话，易伤人害己

　　寡言，字面上的意思是少说话，但实际上，其真正的内涵不是少说话，也不是不说话，而是不说无用的话、没有意义的话、散乱的话，更不能说伤人的话。圣人说话，出口就是利人的话，说多说少，取决于当时的因缘：该多说的，一句都不少；不该说的，一个字都不会说。

　　世间人，未经修行，说话毫无节制，口无遮拦，往往该说的不说，不该说的乱说，就会给自己惹祸上身，给他人带来麻烦和灾祸。俗话说"祸从口出，病从口入"，就是这个意思。古往今来，多少人因为口无遮拦，给自己带来不必要的灾难。

　　人们辨识一个人是否可靠，往往会把他的言行作为重要的标准。比如，夸夸其谈、口若悬河的人，大多是不可靠的；而性格沉稳，沉默寡言，说话时有理有据，一语中的，往往是值得信任和能成事的人。

有人问一位禅师，人身什么最可贵？禅师回答，舌头。因为舌头能说好话，能利人，能够教化人，能够宽慰人，好处非常多，因此可贵。

又问，那人身上最可恶的是什么？禅师回答，舌头。因为舌头能说恶语，能害人害己，坏处非常多，因此可恶。

寡言不是无言，而是让我们说有用的话，有意义的话。"不妄语戒"就是让我们不说谎，不绮语，不说无意义的话，不说是非。长期用功修行，就能达到内心清净的目的，渐渐开启自己的智慧。

为什么要不说人过：
时时检点自己且不暇，岂有功夫检点他人

　　戒律里专门有详细的戒条，忌讳说别人过失。说别人的过失实际上是自己的内心不够清净，而且过患很大，对自己不好，对别人不好，对团体也不好。可能很小的事情，经过传递是非，就会造成更大的混乱。

　　对个人来说，说别人的过失，就是造口业。别人有过失是别人的事情，但是自己造口业，将来受恶报，非常不划算。

　　经过系统修行的人，就会懂得这个道理，慢慢训练自己不说别人过失的习惯。如果有了这样的习惯，这个人在生活中就会有很好的人缘，品德也很好，可以少灾祸，多福报。反过来，就会给自己增加横祸，让诸事不吉祥。

所谓"积口德"，就是说，人我是非面前，口要有把门的，不要轻易说出来。很多事情，可能就是别人有过失，但是传别人的过失本身也是过失。儒家讲"扬人恶，即是恶"。

不说别人的过失，一般人都可以认可，但是，到了事项上的时候，可能就把持不住，很多话会脱口而出。这需要平时就训练，通过持戒，通过思维，通过观察，乃至通过修行生活，慢慢在生活中一点一滴地训练，最后就会练就出不说人过的好功夫。

为什么要不文己过：
小人才会文饰己过

儒家讲"君子坦荡荡，小人长戚戚"，就是说，一个敢于把自己的过失袒露给别人的人，内心就很光明，很磊落，更值得人信任和尊重。反之，一个爱遮蔽自己过失的人，内心常常会扭曲不安，活得很纠结。

"己过如山己不见，他过秋毫亦明察。"

这句话非常精准地描述了人心的特点。由于我执的缘故，凡夫对自己的缺点、问题非常不容易察觉，一直在向外求，所以，看别人的缺点看得非常清楚。

因为有我执，即便我们发现了自己的缺点过失，但是为了掩盖这些过失，就会文过饰非，找出种种的借口来。

修行，就是要在这里痛下功夫，肯面对自己，肯改变自己，肯向别人承认自己的过失和不足，这样内心才能坦坦荡荡。

生活中，很多触犯法律的人，都会为自己找出一套说辞，来解释自己犯罪行为的合理性，设法逃脱或者减轻罪责；即便证据确凿，也会绞尽脑汁自圆其说。而很多没有触犯法律的人，只要涉及自己的过失，当别人指出来时，也会寻找各种借口为自己开脱。

很可怜，也很不幸。

儒家讲"君子坦荡荡，小人长戚戚"，就是说，一个敢于把自己的过失袒露给别人的人，内心就很光明，很磊落，更值得人信任和尊重；反之，一个爱遮蔽自己过失的人，内心常常会扭曲不安，活得很纠结。

"君子之过也，如日月之食焉：过也，人皆见之；更也，人皆仰之。"也是在说这个道理。

这样，天长日久，就能调伏自己的烦恼，内心越来越清净光明。不文己过，就能知错就改，人才能进步，才能立德。

为什么要不覆己过：
有覆藏心的人，内心很辛苦

　　覆藏己过的人，内心就很辛苦。那些过失就成为心灵的负担和系缚，死死地捆绑着自己，甚至于需要用更多的错误去覆藏之前的过失。

佛学里有个专用的词，叫覆藏心，就是把自己的缺点悄悄藏起来，把那些不阳光的想法覆藏起来，心口不一、言行不一。

　　自己的过失不想让人家知道，不敢让人家知道，在佛门里，是被严格遮止的。出家修行人，心里怎么想的，不伤害别人的，都要如实说。

　　如说而行，如行而说。

　　一个不覆藏自己过失的人，内心清净，行为洒脱，无依无着。覆藏己过的人，内心就很辛苦。那些过失就成为心灵的负担和系缚，死死地捆绑着自己，甚至于需要用更多的错误去覆藏之前的过失。

事实上，纸里包不住火，人的过错早晚是会被人发现的；藏来藏去，自己辛苦不说，也藏不住，最终还是要露馅。

因此，修行人一开始就要养成不覆己过的品质。天长日久，人生境界就会很不一样。

修行很强调发露忏悔，如果不发露忏悔，就不会知道自己是有错的。人心的特点就是不认为自己有错，认为别人有错，遇到问题，就会指责别人，找出能找到的所有理由去攻击别人，无非就是认为自己对。

只有不覆己过，才能忏悔业障。不承认自己有错，就不可能真心忏悔。

做不到不覆己过，一旦别人指出自己的错误，就会百般辩解，不肯认账。

为什么要闻谤不辩：
丛林以无事为兴盛，是非以不辩为解脱

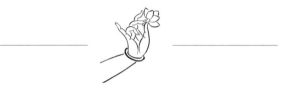

　　世间很多人可以受苦受累，却不能受委屈，会把名看得很重，希望自己留个好名声。所以，名就成了生命的枷锁，处处要维护这个名。

古人问："何以止谤？"

答："无辩。"

人生在世，人人都会被诋毁，被中伤，被误解。即便是佛在世的时候，也会受到种种的诽谤。

我们把这一切都看作是正常的，缘起的，是因果使然，只需当下领受，无须辩解。因为辩解就要起心动念，就与佛学背道而驰。

有个公案：一位禅师被人误会，说他行为不轨，使一个女子怀孕了。禅师也不解释，任由大家误会了多年，其间他遭受了很多攻击、伤害，但禅师依旧过着平常的日子。多年后，大家发现原来错怪了禅师，就去向他道歉。但禅师并没有因为洗刷了冤屈而大喜过望，还是照常过着平凡的日子。

世间很多人可以受累，却不能受委屈，会把名看得很重，希望自己留个好名声。所以，名就成了生命的枷锁，处处要维护这个名。当然，好名声也很重要，因为好的心地和好的行为才能有好的名声。但是，世间人心各个不同，认识也是千差万别，事实上根本就无法存有一个完美的名。名这个东西，实际上是不存在的。

保护自己的名，实际上就是把自己的苦乐交给了别人。别人说自己好，自己就快乐一点儿；说自己不好，自己就痛苦。

所谓"谣言止于智者"。我们根本就管不了别人怎么说，但是可以管得了自己的心如何领纳。

佛学里有"是非以不辩为解脱"这样的清规，这不仅仅是一个修行的理论，也是具体方法，落实在生活中，真的做到了，就一定会有受用。

为什么要不嗔：
一念嗔心，开百万障门

"一念嗔心起，百万障门开"，意思就是说，只要有一念的嗔心，就有可能引发无数的灾祸，将我们辛辛苦苦积累的很多福报毁于一旦。

嗔，世间话就是恨、仇恨，是内心的一种状态，平时是可以观察出来的。比如，别人招惹自己了，内心就会有一股热恼升起来，心跳加速、脸红、发脾气、说话大声等等。

在现实生活中，你遇到看不起的人、看不顺眼的人，遇到不喜欢的场合，内心产生排斥，都是嗔心。

"一念嗔心起，百万障门开"，意思就是说，只要有一念的嗔心，就有可能引发无数的灾祸，将我们辛辛苦苦积累的很多福报毁于一旦。

所以，人生在世，要戒嗔。

在佛学里，把人的烦恼比喻为疯牛，而嗔就是烦恼中危害最大的一种。修行就是要调伏疯牛般的烦恼，不要让它发作，不要受它的摆布，但这在世间确实是非常不容易的事情。一个人不发脾气的时候，很正常；但是一旦触发了嗔心，他会什么都不顾，会做出非常疯狂的事情来。

监狱里有很多服刑人员，有很多属于激情犯罪，就是说，他们平日可能没有任何犯罪前科，犯罪前也没有预谋，没有准备。但突然在某一天，某件事情触发了内心的嗔恨，无法立刻调伏，瞬间就造成了恶果；事后，再后悔也没有用了。所以说，世界上最伟大的勇士不是战胜外在敌人的人，而是能战胜自己烦恼的人。

一个不嗔的人，或者嗔心比较小，能够及时调伏的人，就会呈现出内在强大、外在平和的生命状态，为人积极、热情、睿智，大家都很喜欢，做什么事都比较顺利。

而一个嗔心大的人，说话做事常常会显现出焦虑、暴躁、不安、攻击性很强、难以沟通等特点。

如何降伏嗔恨心？要在平时用功，首先在小境界上进行布施、忍辱、精进、禅定、智慧等种种具体的实践。慢慢地，当自己遇到大境界时就能游刃有余，处惊不乱。

世间常常讲平安吉祥，其实，真正的平安吉祥是发自内心的；内心平安，外在才吉祥。人生苦短，当任何人、事、物都不能激怒自己的时候，就真的平安吉祥了。

第六章

欢喜处处在

对于胜过自己的人，虚心学习；
对于不如自己的人，耐心帮助

不断学习佛学的思想和行为，就能超越凡夫的思想和行为，就能把智慧转化成真正的行为，转化成自己的身心。

无论是在任何社会团体里，人与人之间都会有不同。虽然从佛学来讲都是平等的，但是从现象上讲，人与人确实不同，甚至有很大很大的差距。

有一位入职场很久的人，有很多工作经验，但内心一直有很大的困惑无法排遣。他一直觉得职场上的很多人不如自己，但这种想法从未对外表现出来。比如工作中，同事有一些问题去问他，他会觉得问题这么简单对方应该会啊，怎么还要问呢？虽然这么想，但还是会告诉求问者，其实内心已经充满了鄙视感。

同样，当别人在工作中有了成绩，获得了更多的认可，又会引起他的嫉妒；内心里也知道别人的成功确实是因为付出很多，但还是会感觉不是滋味……

他知道这样的心态是不对的，但却不知怎么去摆正。

怎么摆正瞧不起人和爱嫉妒别人的心态呢？菩萨告诉我们：对于胜过自己的人，要虚心学习；对于不如自己的人，要耐心帮助。如是就能让自己越来越快乐，也能带给身边人更多快乐。

不断学习佛学的思想和行为，就能超越凡夫的思想和行为，就能把智慧转化成真正的行为，转化成自己的身心。

我们的待客之道：
众生欢喜佛欢喜

　　接待客人时，我们做得好一点儿，客人会感觉到热情、善心，这样就结了一个善缘。有了这个观念后，接待客人的工作就做得越来越认真和欢喜，因为这是积聚资粮和广度众生的好机会。

　　寺院里通常有两种斋饭：一种是大众日常吃的，在丛林里是用功的一种重要方式，也叫过堂；一种是客饭，平时寺院里来了重要的客人，出于礼貌和尊重，就专门做一种比较精致的饭菜来招待客人。

　　初出家的人，接受了不贪心、惜福、知足的理念和教育，就会觉得做饭越简单越好，能吃饱肚子就行了，不必搞得太好吃、太精致。

　　师父就告诉大家，要重视接待，斋饭做得好一点儿，这个是"礼"，本质上不是为了让对方享受口腹之乐，而是为了表达对客人的尊重。试想想，谁会那么无聊，大老远跑来就是为吃这一顿斋饭？但是我们做得好一点儿，客人会感觉到热情、善心，这样就结了一个善缘，众生欢喜佛欢喜嘛。

有了这个观念后，我们接待客人的工作就做得越来越认真和欢喜，因为这是积聚资粮和广度众生的好机会。

我们也会在待人接物的过程中观察师父如何行持，如何不拘泥、不教条、拿捏有度的行为。因为之前，我们接受的教育是吃饭时要正襟危坐，不苟言笑，眼观鼻，鼻观心，威仪具足。

但是师父在我们面前就会和客人谈笑风生。客人谈什么，师父也谈什么；客人怎么吃，师父也怎么吃。

弟子们渐渐明白，这是为了让客人感到轻松，没有压力。

有一次，一位小和尚随侍老和尚外出，别人请客，服务生问是否需要饮料，小和尚张口就说不需要。而老和尚则是先问问同桌的人需要什么，对方说需要茶水，老和尚便对服务生说："我也要茶水。"

正好可以同沏一壶。

小和尚就意识到，如果当时老和尚说"我不要"的话，同桌的客人就不好意思要了；而老和尚和同桌要同样的饮料，一来为服务员省去一些麻烦，二来也让同桌感到亲切。

这就让小和尚体会到，细微处见真功夫，为人处世皆有妙法。

当别人有了错误，
时机成熟了再指出来

当别人有了错误，即使自己知道，也不能直接就指出来，要看因缘。因缘时机成熟了，再指出他的问题，帮助他改正，就能收到效果。

有一位小和尚在大众做功课的时候，负责每天敲木鱼，敲了一年。

在寺院里，敲木鱼的板点是很讲究的，敲错了，一般情况下都要受到管事的人的苛责，为的就是让寺院更有规矩、更有序。当时，这个寺院的小和尚都是新出家的，大家对什么才是正确的板点都不太清楚。

有一天，方丈告诉小和尚："你的一个板点敲错了，去年就错了。"小和尚很震惊，问："师父，我错了一年，去年您为什么不告诉我？"

方丈说："还是今年告诉你比较合适。"

小和尚说："那师父您为什么要让我错一年呢？"

方丈笑而不答。

这个故事告诉我们，生活中，不要轻易去苛责别人，对别人的劳动抱以指责和不满的态度。

当然，这种做法也可以用"负责任""严格要求"等说法来遮掩它的弊端，实际上，这是对缘起现实的不了解。

在一个团队里，一个人的成长需要时间，一件事情的成功需要很多条件，需要很多性格、能力不同的人来共同完成。这个世界上没有完美的事情，只有各种因缘的组合。好的因缘组合在一起就有好的结果，不好的因缘组合在一起就会是不好的结果。

把握好缘起的时机，才是我们好好修行和做成事的关键。

生活、工作、学习也是如此，当别人有了错误，即使自己知道，也不能直接指出来，要看因缘，他那个阶段可能经不起否定，经不起批评，心力本来就弱，再加一些压力，可能就不行了。

那个阶段，可能就需要各种的鼓励、各种的肯定，甚至错了也肯定，至少不要去打击和否定他。因缘时机成熟了，再指出他的问题，帮助他改正，就能收到效果。

我们常常讲慈悲心、利人心，前提都是要对自己的心、他人的心以及各种时空因缘有把握，不计较一时一地的是非对错，不去追逐所谓的完美。知道自己的目标和方向，就知道什么事该做，什么事不该做；怎么做，做到什么程度。

一切了然于胸。

别人做错事了，
到底要不要批评

在世间合作做事的过程中，我们并非不能批评他人，而是要把握说话的心态。是抱着幸灾乐祸、背后告状、反感抱怨、保护自我之心去反映情况，还是从大局出发，为利益团体、利益对方而说？这是我们要仔细检点内心的地方。

有一天，方丈对弟子们说，大家要一起修行，一起做事，平时不要批评别人，不要找别人的麻烦。弟子们就记住了。

可过了一些日子，有一位弟子修行出了些问题，行事不够妥当，方丈就对另外一位弟子说，你去批评他一顿。

弟子就去了，之后就想，前些日子，方丈不是说不要批评别人吗？刚这样想，方丈又用短信嘱咐他说，不要起嗔心。

后来，大家对这个事情就有了领悟：到底要不要批评别人，其实是因人而异、因地制宜的事情，要看因缘、看缘起，最终还是要回归自心，并不是方丈的话前后矛盾。

世间人在职场中，常常会出现同事工作懈怠、做事欠妥当的情况。作为项目负责人或者是上位，如果直接批评，可能会引起反弹，不一定能起作用；不直接批评，再向上反映，就有打小报告的嫌疑；置之不理，就会是不作为。到底是批评还是不批评，让很多人为之纠结。

其实，在世间合作做事的过程中，我们并非不能批评他人，而是要把握说话的心态。是抱着幸灾乐祸、背后告状、反感抱怨、保护自我之心去反映情况，还是从大局出发，为利益团体、利益对方而说？这是我们要仔细检点内心的地方。我们讲法无定法，就是要大家在错综复杂的因缘中，把握自己的心，用慈悲和智慧去面对境界，而不是纠结到底是不是要批评别人，或者纠结为什么有的话会前后矛盾。

所以，我们要时常保持正念，把握自己的心，看清楚它的起伏和运作规律，千万不能以"为别人好"为借口，去随意批评别人，泄私愤。

与人有矛盾，
是据理力争还是隐忍

凡事皆有前因，所以，改变命运最好的办法，是好好从因上努力。而所谓的据理力争还有强忍，都不是真正的解决方案。

有一个人平时在单位和领导关系不太好，工作中，领导派给他的事情比较少，因为事多意味着年终的业绩和奖金都多，其实就是不太重用他。

他认为领导这样对他是因为嫉妒，加上长期以来种种的小矛盾，积怨颇深。到底是据理力争还是隐忍，他也不知道该怎么办。

后来他就使劲念佛，希望能从困扰中解脱出来，但是发现，念佛的时候也无法让心静下来，满脑子都是这些烦心事。

在世间团体中，这样的事比比皆是。凡事皆有前因，所以，改变命运最好的办法，是好好从因上努力。而所谓的据理力争和强忍，都不是真正的解决方案。

我推荐大家读一下《了凡四训》，应该会有启发。

《了凡四训》中提到的通过行善积德改变命运的方法，看似简单，实则非常有效。

"观过"前，
先将心比心想一下

将心比心，站在对方的角度去看待问题、考虑问题，乃至站在更广大的缘起上去观察。切实做到"自他相换"，如是就能培养出真实无伪的大慈悲心。

一个人分享过他的一段经历。

曾经在工作中，合作单位有一位办事人员做事情丢三落四，对工作造成了一些影响。虽然他告诉过对方，对方认错态度也不错，但是交接材料的时候，对方还是无法严格按照约定的要求去做。

几次之后，他就对这个人起了很大的成见，觉得对方什么都做不好，说话也不爱听。

这在佛门里称为"观过"。什么意思？就是看到别人的过失、不足，自己内心就会起烦恼，但又不知道如何对治，最后就任由这种负面情绪蔓延，导致大家无法相处。

其实，被"观过"的人并没有觉得自己错在哪里，依然该干什么干什么，而"观过"的人反而内心痛苦不堪——虽然自己的工作没有受到多大的影响，但就是看不惯对方的人，看不惯这个合作单位，接着对自己的工作也产生了抵触情绪。

直到有一次，他又去这个合作单位办事，因为实在是不想见这位办事人员，就把他支开了，自己把资料整理好交给合作单位别的相关人员便离开了。

这位办事人员回来后，发现资料都整理好了，就打电话向他道歉，说自己过去因为工作缘故受过伤，导致记忆力受损、下降，所以工作中总出差错……

听完后，他非常惭愧，原来一直抱怨对方怎么连这么点儿小事都办不利索，却没想到事出有因。他意识到，自己在与人交往的时候，总是先考虑到自己的感受，总以为别人做人做事有问题。这就是自己没有好好观察缘起的结果。

佛门里有"自他相换"的法门，简单说，就是将心比心，站在对方的角度去看待问题、考虑问题，乃至站在更广大的缘起上去观察。切实做到"自他相换"，如是就能培养出真实无伪的大慈悲心。

学会拒绝别人

如果发现自己用心不是利人，不妨坚定、和善地向对方说"不"，这比心不甘情不愿地去做而事后再抱怨好多了。

有一个人，性格比较腼腆，平时不太好意思拒绝别人。一方面他人缘很好，总是会有人找他帮忙；但是另一方面也带来一些问题，比如，别人所求的事超出他成办的能力，做不到又不知道怎么办。

比如过年加班，本来大家每人轮一天，但有领导要求他替班，他不好意思拒绝；恰好又有朋友让他替班，他也不好意思拒绝，最后搞得自己非常疲惫，家里也很有怨言。

类似的事情多了，他内心怨气很大，就很纠结——不去替吧，怕得罪人；但是替了，又心有不甘。在世间，帮助别人当然是好事，但是，还要看用心是什么。如果是害怕得罪人，勉强自己去答应别人的求助，那就不是利人的心，有可能就是谄曲，或者是要面子，归根到底还是维护自我，坚固我执。

如果发现自己用心不是利人，不妨坚定、和善地向对方说"不"，这比心不甘情不愿地去做而事后再抱怨好多了。

世间所有的钩心斗角，
都不过是为了一时之利益或脸面

世间所有的钩心斗角，都不过是为了一时之利或面子。10
年后如何，20 年后如何……不过是一场过眼烟云。

有一位年轻人，大学毕业参加工作几年后觉得身心疲惫。最主要的
原因是单位里人事关系复杂，自己想做好一些事情，但是公司内部人员
中却有好几个派别，相互之间掣肘太多，顾忌太多，感觉非常不舒服。
自己暂时也跳不出这环境，只能忍耐，总觉得上班就是煎熬，内心很
纠结。

我们将拉帮结派称为"党执"，意思是，人与人之间因为内心的烦
恼，于是在一个大的团体中，就会形成不同的小圈子、小团体，都注重
各自的小目标、小利益；不仅对团体的事业很不利，更会给自他都带来
很大的伤害。

修行，就是要放下自我。放下不是说一说就能做到的，但是，常常想想"人会死亡"这个终极事实，世间的一切派别纷争又有什么意义呢？人身难得，何必要把珍贵的时间花在这些事情上？

怎么远离团队里面的"党执"？

往近处想，一切不顺的事都要从因缘上找问题，因缘不到，至少也要做到洁身自好，但又不能清高自傲。多做善事，多做利他的事情，少计较，很多纠结就迎刃而解了。往远处想想，世间所有的钩心斗角，都不过是为了一时之利或面子。10年后如何，20年后如何……不过是一场过眼烟云。

其实每个人都想活得更好、更快乐，但大部分时候都没有找到正确的方法，常常算计自己，算计别人，实在辛酸又辛苦。如是一想，何必呢？

谁会与人争一个"玩具"呢

人是互相影响的。他人的烦恼会影响到我们，尤其是亲近的人，所以我们要努力让自己成为一个散发善的能量的人。

心中不要存"与人争"之心，而是努力实现自己的善愿。思维的方向决定了造业的善恶。好比运动竞技，其真正目的不是为了让运动员之间彼此竞争，而是为了"更快、更高、更强"，体现人类不断追求进步、超越自我、突破自我的深层愿望。

小孩子之间可能为了一个玩具而争斗，大人却不会在意，因为大人的心中有其他更重要的追求；同样，我们心中有了对"悲智愿行"的追求，就容易放下对"财色名食睡"的追求。真正的"与世无争"并不是消极和逃避，而是一种超越。

在集体议事中如何用心

世间人讲就事论事，其实就是用心了。修行讲无争。无争不是什么都不管，放任自流，而是积极正确地去处理事情，但内心不起烦恼，不生恶念，不去攻击和伤害别人。

寺里有一个议事团体，执事制度上是集体决策、集体议事。刚开始，大家各自提出自己的意见和建议，互相产生碰撞。但当事情没有议好，特别是自己的意见不被采纳，很多人渐渐就选择闭口不言，最后事情就被耽搁下来了。

师父问团队中一位弟子："你开会怎么不提意见和建议了？"弟子回答："提了也没有用，所以就不提了。"

师父说："你提十个意见和建议，被采纳一两个就是好的。"

虽然不是很明白师父这样说的意思，弟子还是依教而行。

忽然有一天，弟子发现，原来自己在集体议事过程中用心用偏了，提的很多意见和建议本是出自发心，但一旦别人不采纳，受到合理或者不合理的批评，就不愿意接受，干脆缄口不言，选择逃避，这本质上是对自我所执着的东西的一种保护。

但自己的意见、建议一旦获得别人的认可和肯定，内心就会很高兴。这本身就是一种谄曲心，同样也是用心用偏了，也是发心出了问题。

应该是用平常心，不落两边。

世间人讲就事论事，其实就是用心了。修行讲无争。无争不是什么都不管，放任自流，而是积极正确地去处理事情，但内心里不起烦恼，不生恶念，不去攻击和伤害别人。

　　修行讲无争。无争不是什么都不管，放任自流，而是积极正确地去处理事情，但内心里不起烦恼，不生恶念，不去攻击和伤害别人。

对于别人的错误要不要当面指出来

· 问：对于别人的错误，或别人不对的行为，要不要指出来呢？指出来是不是不够包容？可是不指出来是不是纵容？

· 学诚法师：要看自己指出错误时是什么样的发心，也要看自己的身份以及与对方是什么样的关系。

　　医生给病人治病，要把问题都指出来，病人也心服口服。反过来，两个人吵架、互相揭短，也是指出错误，但是不是善意，能不能帮对方改变呢？

帮助人，要在肯定的基础上再指出问题

· 问：我一直做不到观功念恩，总觉得像是自己骗自己，感觉都要人格分裂了，控制不住自己观过。不知道怎么化解？

· 学诚法师：因为内心深处没有信心，所以做不到；因为做不到，得不到受益，就更加没信心。任何一个人都有缺点但也有优点，多看别人的优点，能令自己进步、朋友之间互相信任，也能更好地帮助对方改正缺点，就像教育孩子要在肯定的基础上再指出问题，道理是相通的。反过来，别人有缺点或做错事就抓住不放，内心产生偏见和隔阂，即使是"事实"，但这种看法和态度对自他、对团队、对解决问题有什么

意义呢？观功念恩不是自欺欺人，是帮助我们建立起对人对事正向的思维模式，对治我们以烦恼为主导的思维模式。

品诣常看胜如我者，则愧耻自增；
享用常看不如我者，则怨尤自泯

· **问：** 我总是忍不住拿自己跟身边的人比较，觉得别人比自己优秀，比自己旅游去的地方多，比自己工作干得好。如何才能遵从自己的内心，不与他人做比较？请您开示。

· **学诚法师：**"品诣常看胜如我者，则愧耻自增；享用常看不如我者，则怨尤自泯。"学会正确地"比"，生活中就处处都是让自己上进的因缘；反过来比，则处处都会引发烦恼。

如何快乐地"兼听则明"

· **问：** 您好！都说兼听则明，我听了别人意见后摒弃了自己之前的想法，发现自己就不知道该怎么做了，特别痛苦。求师父指点！

· **学诚法师：** 因为你自己内心没有这样想过，"别人的思路"对你来说是陌生的，是以前没考虑过的盲点，所以执行起来就会觉得很难、不知所措。其实，这正是兼听则明的意义所在，你说对吗？不是一定要完全摒弃自己的想法，而是要有一种开阔、柔软、勇于尝试、能够接受变化的心态，这样才能在做事中更好地积累经验、培养能力。固执的人与之相反，不肯改变，虽然也能按照自己的方式做下去，但就很难再提升了。

从小事开始，去学习"如何接纳别人的意见"。比如去一个地方，你习惯了走这条路，别人告诉你另一条路也能到，不妨试试；家人建议改正的一些生活习惯，也试着一点点地改变。先把心打开，把学习的心态培养起来，慢慢就知道怎么做了。

做好自己就不怕没朋友，内心虚弱才需要拉帮结派

· **问：** 您好！我在单位感觉受到了排挤，跟另外两个女同事也不说话了。看着她们天天过得很开心，我却很难过。我该怎么办？

· **学诚法师：** 这都取决于自己的看法。自己心中把对方当成对立面，就怎么看都是在排挤自己，故意气人；自己不在意这些，那么结伴也好、独行也好，都自在洒脱。做好自己就不怕没朋友，内心虚弱才需要拉帮结派。

如何来抉择别人的意见：闻过则喜

· **问：**作为一个普通人我毛病很多，别人的指责也并非全无道理，但一时难以平心静气。如何来抉择别人的意见？哪些意见是应该立刻修正的，哪些是不具备能力无法达成需要暂时搁置的？如何降伏易居功自傲和难以接受批评的大我慢？

· **学诚法师：**如果对自己成长的希求足够强烈，就能"闻过则喜"；难以接受批评的人，往往也是志得意满、没有目标的人。如果对别人有信心，看得到别人比自己强的地方，就容易接受批评；如果总是觉得别人都不如自己，那肯定听不进去。人对自己要有向上仰望、不断进步的心，对人要有看其长处、欣赏学习的心，这样面对别人的批评意见内心才能平静，才有理智去抉择，"有则改之，无则加勉"。如果一听到批评就立即反弹，心里像开锅的水一般躁动不安，那是很难理智抉择别人的意见的。

第七章

生活心经

做好事到底有没有好报

如果人不懂得因果，没有长远的智慧，往往会被当下一时的福报迷惑，不自觉地放纵自己，种下恶因；不久后福报烟消云散，恶报现前。

在世间，非常多的人都有这样的困惑：善有善报，恶有恶报；做好事有好报，做恶事有恶报。但是，从古到今，受欺负、被欺骗、吃亏的都是老实善良的人，他们勤勤恳恳却往往一无所获。而那些恶人坏人，却总是欺负他们，吃香的喝辣的，甚至逍遥法外。

好人善人种善因却得不到善果，恶人坏人布恶因却未尝恶果。因果轮回又该做何解释？

如果我们用心观察个人、家族、企业乃至国家的历史，就会发现历史总是在高低起伏中轮回，原来非常强大的，慢慢走向没落；原来弱小的，渐渐走向强盛。仔细看，初始时卧薪尝胆、严明公正，所以渐渐铸就强大；而当富贵至盛时期，骄奢淫逸等种种乱象就会频发，最终导致衰落，所谓"衰后罪孽，都是盛时造的"。这其中，外在的盛衰与内心的明暗恰好相反。

为什么呢？因为从因到果是需要时间的，所以造成了因与果的"时差"。

内心清明的善因种下时，果报不能立即呈现；而当福乐果报成熟时，内心却往往在走下坡路，此时种下的恶因，又要在更晚时候显现出苦果来。

企业或国家如此，个人的因果也是这样，只不过普通人看不到从因到果的时差。从表面看来，善良的人可能诸多磨难，而作恶之人多享快乐。其实真正的因果恰恰相反，自己现在受用的，是以前所造善恶业的果报；而自己现在造作的，是未来的因。

如果人不懂得因果，没有长远的智慧，往往会被当下一时的福报迷惑，不自觉地放纵自己，种下恶因；不久后福报烟消云散，恶报现前。

真正有智慧的人，懂得在受福报时继续种善因，让福乐持续增上；如果正在承受苦果，更要加倍努力造善业。

因果是最公平的，要正确认识因果的规律，不要被一时现象所迷。

为什么我们经常会
感觉"盲、忙、茫"

人生是苦的，是不清净、不圆满的，但苦难的人生是可以改善的。要改变这缺陷的人生，就要有高远的人生宗旨。

来寺院的很多人中，有失意的，有困惑的，也包括在世间事业有成的，他们大多会感慨人生很茫然。过去追逐财富的时候，很有奔头；等财富有了，就不知道以后干什么了。

有一位博士告诉师父，说自己现在很茫然和无助，虽然每天也很忙，但就是不知道忙的目的是什么。大道理都明白，自己享受了国家最好的教育资源，在最发达的城市里学习和生活，毕业后一定会找到一个让别人羡慕的工作，或者出国，或者创业，等等，看起来有很多不错的人生选择。但不知道为什么，他就是很茫然，不知道为什么而活，不知道人生要往哪里去。

岂止是这位博士，很多人也都是如此，从早到晚，一年到头都在盲、忙、茫当中度过，没有人生的宗旨和生命的方向……

人生是苦的，是不清净、不圆满的，但苦难的人生是可以改善的。要改变这缺陷的人生，就要有高远的人生宗旨。

如果发心坚定而正确，并遵循缘起的变化自然调整，不执着于自己设定的结果，那么人生一定是圆满的。但是，凡夫常常预想一些牵强的结果，还自认为是事物发展的必然，而一旦无常现起，没有足够的心理准备，便会引发烦恼，庸人自扰。

如果自己的心没有因外境的转换而平添苦受，那反而能利用变化的外境成办合理的目标。

事事以自我为中心，
必然活得苦上加苦

　　在生活中，一个以自我为中心的人，虽然想尽办法来爱自己，但在在处处都会给自己带来诸多不顺和违缘；相反，一个豁达和宽容的人，爱别人胜过爱自己的人，生活中的快乐一定多于痛苦。诚如经论里讲的"爱自即成众苦因，爱他则是万善根"。

　　佛学认为，把主观和客观二元对立起来认识，是一个错觉，是一个误会。事实上既不是主观，也不是客观，只是同时存在的现象，是缘起的假象。此生故彼生，此灭故彼灭。

　　这个错觉和假象为我们凭空捏造出来一个自我，然后就让我们形成一个"以自我为中心"的思维模式，由此就产生了贪婪、仇恨、愚痴、傲慢、疑心这五种烦恼，而其中每一个烦恼都会给我们带来深重的痛苦和灾难。

单独从贪婪、仇恨、愚痴、傲慢、疑心中的任何一种烦恼下手，都是无法解决根本问题的，只是解决了烦恼的轻重问题，或者转移了烦恼。比如以前贪恋财富和地位，可能转移成贪恋山水字画；以前贪名，现在贪清高，等等，但最终留给自己的还是烦恼。比如，我们可能会爱上一个人，但是因为这个爱，就有可能去伤害被自己爱的人。

因为有自我，所以有烦恼。有烦恼，人生就无法安宁，就一直充满了冲突和矛盾、对立和仇恨。冤亲不定，爱恨交织。

所有的痛苦都是认为有自我，并且事事以自我为中心造成的。

实际上以自我为中心就是自私自利，就是爱自己。

在生活中，一个以自我为中心的人，虽然想尽办法来爱自己，但在在处处都会给自己带来诸多不顺和违缘。相反，一个豁达和宽容的人，爱别人胜过爱自己的人，生活中的快乐一定多于痛苦。

诚如"爱自即成众苦因，爱他则是万善根"。

"应该是什么"和
"事实是什么"是不同的

缺乏缘起观，人就很容易在不可能、不切合实际或者没有意义的问题上浪费时间，而对现实中真正急需解决的问题却视而不见。

有一位小和尚陪同师父外出办事，在饭馆吃饭的时候，跟服务员说，我们吃素，不放葱蒜。结果菜端上来，既有肉，还有葱蒜。

小和尚就很郁闷：为什么都告诉你了，你还是放了肉和葱蒜？

不久，小和尚又乘坐飞机跟师父外出，结果发现飞机上没有素餐，本来事先可以定，但小和尚忘记了。

还有一次，他们参加一个比较重要的晚宴，竟然发现主办方也没有准备素食。

如是多次，老和尚就跟小和尚讲："应该是什么"和"事实是什么"是不同的，事实不会变成你认为的应该。你认为"应该"是没有问题的，但一旦到了现实中，"事实"通常就会出现问题。

这个时候，埋怨和责备都是没有意义的，有意义的是自己需要多一些先见之明，然后提前做出努力，尽量避免问题的出现。比如你点菜，就要反复跟对方强调，确定对方听明白了，能做到了，才算。如果要想万无一失，那就要亲自去厨房盯着，否则，中间的过程很难确保不出差错。

佛学里讲因缘果报，万物都是缘起的。如果自己想要一个结果，不能去想象、去设定应该如何，而要去创造因缘。做事情要一点一点地落实，脚踏实地做好每一个当下，最后呈现的结果就会是所要的。

没去努力，轻描淡写地就认为结果应该如何，那肯定不会应该如何，浮皮潦草地做事情，更不会有好的结果。

点菜、订机票、订素餐、接洽事情……看起来都是小事，但如果缺乏缘起观，人就很容易在不可能、不切合实际或者没有意义的问题上浪费时间，而对现实中真正急需解决的问题却视而不见。这真是值得警惕的事情，否则宝贵的生命就在忙乱而无序的状态中度过，实在可惜。

你不解决问题，
问题就解决你

发心不是一句口号，而是要真正地落在生活的点点滴滴中，去解决和处理不断出现的问题。

有一个小和尚，平时在庙里待久了，不太了解社会。大和尚让他外出去处理一件很棘手的事情，他不想去，却又不敢不去。

于是，他硬着头皮去了，而且路上没忘记给大和尚发个短信，问问应该怎么用心。大和尚告诉他，记得带钱；请客人吃饭的时候，要记得结账。不要以为自己是出家人，就要受人恭敬。在庙里，人家会尊重你；到了社会上，人家不信佛，根本就不吃你这一套。

事情办完了，虽然有难度，但也没有想象的那么可怕。小和尚内心有所领悟。

发心不是一句口号，而是要真正地落在生活的点点滴滴中，去解决和处理不断出现的问题，有一个解决一个，不推诿、不逃避、不抱怨。多难的问题都要去面对，去接受。

因为，你不解决问题，问题就解决你。

学会关心别人，
内心就能强大

　　每个人内心深处都知道要有力量，这样才能够在复杂的生活、事业中成长和进步，但是很多时候，无力感却成为很多人的特征。

　　有一位女士说，她从小内心无力感就重，心里总想着攀缘外境去获得价值感。比如谈恋爱时，总是依赖对方；工作时，拼命给自己设立一个又一个的目标，每完成一个，就会感觉失落、空虚，而不做的话，却又无所适从，更加感觉不到生活的意义和快乐。

　　如何解决内心无力的问题呢？首先要让心里想着更多人的苦乐。就好比说，当一个母亲有了对孩子的责任，她就能够更坚强；同样，当我们的生命与更多人联系在一起时，心就会宽广起来，就会有提升自己慈悲与智慧的强大动力。所谓的心宽广起来，就是不再时时总想着自己的苦乐，不再以自我为中心去思考问题，不再以解决自己的问题作为生命最重要的目标，而是关心别人的问题，去利人，去帮助人。

久而久之，内心就会一点点地强大起来，很多问题就不成为问题了。

　　"应该是什么"和"事实是什么"是不同的，事实不会变成你认为的应该。你认为"应该"是没有问题的，但一旦到了现实中，"事实"通常就会出现问题。

不是人善被人欺，是人弱被人欺

· **问**：*如何理解"人善被人欺"呢？*

· **学诚法师**：不是人善被人欺，是人弱被人欺，善良和软弱不能画等号。如果是一个有智慧、有胆魄、有力量、有福德的善者，不但不会被欺负，反过来还能用正能量去影响别人和环境，这就是菩萨。所以，若自认为善良而受欺，应该想办法增长智慧和福德，而不是怨恨善良。

相信你的人不用解释也会相信你，
不相信你的怎么解释也没用

· **问**：*别人猜疑我，并写了举报信，朋友还把猜疑散布到共同的朋友那里，对我造成了一定的不良后果。我是事后很久才知道的。我该如何看待并处理这件事情？如何降低这件事的负面影响？*

· **学诚法师**：事实真相与人心中的"真相"，有时候是两回事。大多数人都是凭自己心里的印象来看待一件事。所以其实人与人之间，是活在相互的心理认识中：认为这个人好，不管怎样都觉得好；认为他不好，不管怎样都能挑出错。被人误解，是因为对方对自己的信心本来就不够，此时再去解释作用也不大，正如一句话所说"相信你的人不用解释也会相信你，不相信你的怎么解释也没用"。最有用的办法，不是去辩解，而是自己好好立身处世，增强大家对自己的信心。

付出一定有回报

· 问：您好！知道付出不见得有回报，尤其对身边亲人更不应该有求回报的想法，但做起来真的难。

· 学诚法师：付出一定有回报，这个回报不是别人给你的，是自己的业反馈的。所以，不用期待外在的回报，也不要怀疑、着急，忠实于自己的业，活得心安。觉得难，是因为对道理还不够明了、笃定。

人生的公平自有业果来显现

· 问：我没有做什么不好的事，但是有人诽谤我，大家就都相信诋毁我的人，弄得到处都是流言蜚语，到处都是言语攻击。弟子不明白，世间人都不辨是非吗？我做错了什么要这样对我，大家都排斥我，我对这个世界感到绝望。

· 学诚法师：不要把自己身边的几个人等同于"世间"，然后就对"这个世界"感到绝望。反过来看看自己，也是在以偏概全，以自己一时的感受给所有人下定义，难道这就公正吗？这样说不是为了指责你，是想让你看到，由于人心的无明、烦恼，对其他人、事、物产生误解太正常、太普遍了，先把那股怒气打消掉。

然后，仔细想想，当自己对这个世界绝望时，对世界有什么影响吗？没有，只是自己感到极度痛苦。每个人的看法，影响到的其实只是他自己。别人对你的误解也是一样，是他人心中的影子，不等于真正的你，只要你不去领纳、执着，就不会受伤。

好好做自己，人生的公平自有业果来显现。

遇到困境，还需要相信因果吗

· **问**：您好，当果相频繁不好的时候，很糟糕的时候该怎么努力？当果相没什么改变的时候，对因上努力的信心就会受挫。怎样保持在困境中对因果的深信？

· **学诚法师**：种一株花，从种子到开花最少也要几个月。可是我们对于因果，却往往期望立竿见影。没有耐心的人，等不到花开；急求果报的人，难以信解真正的因果。

为什么说因果是一种规律

· **问**：假如世间一切都是虚幻的，那为什么还有因果？这些因果也是虚幻的，对吗？在现实世界怎样理解虚幻与因果的关系？请师父开示！

· **学诚法师**：佛法说的"虚妄"不是你理解的"虚幻"。仔细观察身边的一切人、事、物，没有任何东西是一成不变、永恒存在的。如今巍峨的高山，几千万年前是深海；多少熟悉的景色，如今再也找不到……这个现实世界看起来真实，其实一直在变化，这就是佛法所说的"虚妄"——存在而不实在。一切无常变化是遵循某种深刻的规律的，这就是因果法则。"因果"并不是具体的事物，而是一个规律。

做事情只看当下的结果是不合理的

· **问**：您好，为什么现实生活作恶的人大都生活得很好，行善的人总是没有好报。有人说报应很多都不是现世报，但我为什么觉得这只是自欺欺人的借口呢？所谓的来世报，对活在当下的人有什么意义？

· **学诚法师**：如果做事情只看当下的结果，才是不合理的。农夫耕种，学生读书，乃至最简单的烧水煮饭，哪一样不需要时间，不需要过程，不需要因缘和合？知道方向、是非、取舍，对于活在当下的人来说，就是最大的意义。因缘果报法尔如是，不是欺人，而是自己不了解，以偏概全。

执着果相，就会"压力山大"

· 问：我遇到大一点儿的事情总是感觉压力大，紧张。敢问师父，压力是因为什么？紧张又是因为什么？怎样能够放下？怎样转变心态不伤害身体呢？

· 学诚法师：执着果相，就会"压力山大"。因上努力，果上随缘。尽自己百分之一百的努力去做，但不要去担忧结果如何。

怎样才能改掉撒谎的毛病

· 问：我很爱撒谎。我也知道这样不好，不能妄语，但是觉得撒谎有趣和方便。请问，怎样才能改掉撒谎的毛病？

· 学诚法师：其实内心真实状态是：不觉得撒谎不好，反而觉得它很好。这就是无法改变的真正原因。改过第一重要的是深信因果，发自内心认识到错误，并恐惧其后果。如果现在不努力，等到果相成熟时才后悔，就来不及了。

看不清未来的时候，就走好脚下的每一步

· **问**：我刚毕业，还没有找到工作，感觉遇到了人生的瓶颈，很困顿。不知道该怎么做？该从哪里开始？

· **学诚法师**：看不清未来的时候，就走好脚下的每一步。上上发心，下下行持。

当自己需要时才想起朋友，就找不到朋友

· **问**：以前我的那些朋友都是因为外境需要有个陪伴，所以才成为朋友。当环境变化后，那些所谓的友谊也都成为过往而烟消云散。没有一段能经得住时间和环境变化考验的友谊。是不是友情就是这样脆弱无常？真正的友情是什么？

· **学诚法师**：当自己需要时才想起朋友，就找不到朋友；当别人需要时出现在他身边，慢慢才能懂得什么叫朋友，怎么拥有朋友。

如何改变为人处世怯生生的状态

· **问**：如何改变为人处世怯生生的状态？

· **学诚法师**：当你说话、做事是为了扛起责任乃至利益更多人时，力量和勇气就会加倍。

不够自信怎么办

· **问**：怎么才能让自己树立起做事的信心？

· **学诚法师**：不要总是去串习"我不行"的念头，要想"我可以做到""我可以学"。并不需要每件事都做得完美才能证明自己可以，关键是要有敢于面对事情的勇气和正视失败的平常心。

对人只说三分话，不要轻易对一个人抛心，对不对

· **问**：公司前段时间新来了个同事，开始我们相处得很好。等学会我们的技术以后，感觉他整个人就变得陌生了。是不是我们对人只说三分话，不要轻易对一个人抛心呢？

· **学诚法师**：忠于自己所造的业。

每一个选择都要与自己的人生大方向挂钩

· **问：** 您好，我是一名学生，面临升学的选择，心里纠结很长时间了。什么因素应该是最先考虑的？如何才能做出适合自己的选择呢？

· **学诚法师：** 做一件事，宗旨、意义是最重要的。也就是每一个选择要与自己的人生大方向挂钩，知道自己想做什么，而不是看什么东西适合自己。总是在寻找什么东西适合自己，说明自己内心没有方向。更应该去寻找的，是自己的志愿、理想。

下篇
—— 活下去，
活在当下

第八章

凡事先找自己的问题

找别人的问题，就会痛苦；
找自己的问题，就会幸福

　　在寺院里，也并没有什么格外特殊的教育，就是大家都心平气和地做事情，都在找自己的问题，找自己内心的毛病，调伏自己的烦恼。通过做事慢慢来认识到，有问题都是自己的，而不是别人的。

　　一位叫小斌的少年，长期和父母不和，十多年来，虽然父母把孩子视为一切，几乎所有的精力都用在孩子的成长和学习上，可孩子学习成绩总不理想。为此，失去耐心的父亲经常对孩子恶语相加，随着孩子年龄的增长，父子冲突不断。

　　小斌期中考试成绩不理想，父亲盛怒之下对孩子反复指责，不顾时间，不顾场合。开始小斌还争辩，后来不作声了。

有一次，小斌考试时因病退场，父亲很生气，开始批评他。一开始小斌还忍着，但当听到父亲说"只会装病"的时候，小斌忍不住了，发疯一样地口里喊着："你竟说我装病啊！"突然冲上前，两三下就把他父亲推搡到墙边。母亲被吓得目瞪口呆，不知所措。幸好小斌还有一点儿克制，没有继续攻击，转身跑开了。

母亲知道，孩子考试期间确实呕吐过。

长期的父子冲突，使父亲脾气越来越暴躁，以致在一次对孩子大发脾气后病倒住院，右耳失聪，从此只有左耳能听。

在强烈的对立和矛盾中，小斌进入高二，距离高考越来越近，内心也越发地紧张易怒。

此时的小斌也和父亲一样越来越暴躁，母亲明显地感觉到，如若继续这样下去，孩子也离病倒垮掉不远了。

后来，母亲有个因缘，让父亲和小斌都到寺院里生活了一个假期。回来后，小斌神奇般地换了个人，变得温和有礼，夜里常常独自静静地念经，少语，少有的和气、宁静，过去的怒火一点儿都找不到了。又到了期末考前，母亲不再像以往那样连连告诫孩子：你要考好啊！不然你爸爸他又……

同样，从寺院回来，孩子的父亲也像是变了一个人，不再紧紧追问孩子的学习考试情况，不再事无巨细都要唠唠叨叨亲自过问，不再有脱口而出的恶语相加，不再有疾风暴雨般的争吵……

家里仿佛是硝烟战火散尽后的重建，大家心平气和。

孩子的高考成绩也超出大家的预期，父子关系也慢慢地得到弥合，母亲也终于松了一口气。

同是一个人，同是一颗心，说变就真的变了。

其实，在寺院里，也并没有什么格外特殊的教育，就是大家都心平气和地做事情，都在找自己的问题，找自己内心的毛病，调伏自己的烦恼，通过做事慢慢来认识到，有问题都是自己的，而不是别人的。

找别人的问题，就会有痛苦；找自己的问题，就会有幸福。光讲道理只是道理，真要是讲起来，那很难讲谁更有理。

和父母的关系处理不好，
事业也不会好

和父母相处的时候，可以不同意父母的某些观点，但始终要用感恩和爱来对待他们。

有一位年轻人，上学的时候，父母管教得比较严格，对他的学习和人生规划都是大包大揽，让他很痛苦，但又不知道怎么跟父母表达。特别是上中学期间，父母会查看他的手机，对他上学、放学路上的时间掐算得很紧凑，稍微有一些不对，就会责问不停，平时也会讲很多的大道理，让他很厌烦。

甚至因为和女同学交往多了一些，引起父母的警觉，认为会耽误学业，然后追问到学校和对方家里，让他感觉很尴尬也很伤心。

这一切，父母都没有觉得有什么不正常，但是他却暗下决心，好好学习，考到外地，远走高飞，离开父母。

后来他真的考取了，一走就再也不愿意回家，也很少和父母沟通。父母很痛苦，其实他自己的内心深处也很痛苦，知道应该去孝顺父母，不应该让他们如此孤独和伤心，但自己也不知道应该如何去化解这些问题。

直到有一天，自己要创业了，在团队里遇到了很多的问题，各种观念频繁碰撞，让自己筋疲力竭。

所幸的是，有一个因缘让他和一些成功的创业前辈到寺院里参加禅修营的修行，他慢慢了解到，一个人事业的成功不是独立的，而是和自己的性格、经历、家庭、社会环境、因缘机遇等都有着千丝万缕的关联。

他体会到，首先处理好自己的内心，才能处理好外在的矛盾，比如和父母相处的时候，可以不同意父母的某些观点，但始终要用感恩和爱来对待他们。作为子女，要体谅父母为自己费尽心血、担忧操心、所有苦恨不能自己代受的一片心。

父母的行为或许有不妥当之处，但也是出于对子女的爱；世界上除了父母，很难有人这样甘愿牺牲自己来为我们付出。理解、感恩父母，是子女与父母相处最重要的一条原则。

这位年轻人很有悟性，从禅修营回来之后，开始以感恩心尝试改善和父母的关系，之后性格豁达了很多，遇到各种人也比较能够融洽相处，事业也渐渐发展起来。

活在当下。

完全顺从自己的心，一时轻松，前途却不可控

· 问：您好！因为某些人生经历我并不爱我父母，但他们年事已高，需要照顾，我依然不愿意接近他们。我该怎么办呢？

· 学诚法师：道理告诉我们的，很多时候我们所遭遇的并不是我们习惯的或喜欢的，这才叫作修行。完全顺从自己的心，就永远在烦恼的轨道上前进，一时轻松，前途却不可控，反馈给我们的也是不如意与无奈。修行首先让我们的行为做应该做的，慢慢内心才会转变，才会习惯于善业与智慧。

感情不是人生的唯一寄托

· 问：我总希望有个很爱我的人相伴一生，但是感情上一直不顺利。我有时候也发觉可能是自己要求太高了。我总要求对方要对我好，总怀疑对方会喜欢别的女孩。自感非常痛苦，对方也很受折磨。请问师父，我该如何转心？

· 学诚法师：不要把感情当作人生唯一的寄托，不要把对方当成自己幸福的依附，才能够放下过度的执着和焦虑。在感情、婚姻之外，找到自己人生的价值和追求。

真正让我们不幸的是归罪思想

· **问**：我妈妈是个非常吝啬的人，想尽办法占他人便宜，却一点儿都不准别人占自己便宜。而且妈妈是非常有负能量的人，傲慢、偏执、吝啬、暴脾气等，还喜欢把自己的想法强加于人。我从小到大就是处于这样的环境之中，导致自己对钱总是很看重，而且感觉自己已经变成一个负能量的人。有时我真的很恨她。师父，怎么样才能让自己光明起来？

· **学诚法师**：总觉得是原生家庭的问题造成了自己现在的不幸，是一种归罪思想，把自己痛苦的原因都归罪于家庭、别人。其实，真正让我们不幸的不是外缘，正是这种归罪思想。它让我们充满怨恨，让我们失去信心，不知道从自己身上努力；让我们不知道感恩，只执取生活中不好的一面。要转一种看待和思考的方式：看到他人的缺点，自己就要避免这样的问题；自己受过负能量的压抑，就要努力成为一个正能量的人。这才是为生活解结、扭转业力的正确姿态。

妈妈总是执着不好的念头怎么办

· **问**：我的妈妈非常执着，常常让自己沉浸在烦恼和痛苦的情绪之中。无论我们用什么方式去开解她，她都会歇斯底里地发泄情绪，总是执着不好的念头。我该怎么做？

· **学诚法师**：耐心地陪伴、等待。

父母有错，把他们看成逆行菩萨

· **问**：我外表文静，其实也是嗔恨心很重的人，我爸也是。我很讨厌他，特别是他懦弱、挑剔、不惜福、心胸狭隘，还有他那副骂人狰狞的模样，爱杀生，只顾自己身体，处处不满，黑着面孔。我总觉得我的不幸都是因他而起，所以怨恨，同时也感到父母恩重而愧疚。

· **学诚法师**：为什么会感得这样的父母，也是自己的业，不能归罪于他人。怨恨有什么用呢，只会造更多糟糕的业，恶性循环。修行佛法正是为了打破恶性循环的链条，让苦果走到终点，让善因从此萌发。

父母烦恼重，自己的烦恼也轻不到哪去，要加倍努力。两个方法：一是把对方看作逆行菩萨，从他的错误中反省自己的缺点，看到自己的问题，感受到烦恼之苦时，就会对恶业众生生起悲心；二是尽量去找他的优点和付出，再差的人也有闪光点。

如何面对亲戚之间尔虞我诈的关系

· **问**：我们家里好多烦心事，好心烦啊！感觉我家亲戚之间的关系就是钩心斗角、尔虞我诈。

· **学诚法师**：亲人之间，记住两个原则："财物轻，怨何生；言语忍，忿自泯。"不要要求别人，从自己做起。

和母亲三观不合怎么办

· **问：** 和母亲三观不合，感觉她的观念总和我不在一个频道上，有时她重复说些激怒我的话，我就忍不住和她吵架，但又知道这是在造恶业。从小得到母亲的陪伴和关怀就少，也不知该如何尊敬她，可能是自己的慈悲心不够吧！这些时候总会觉得无奈和痛苦，不知道如何处理好与她的关系。望师父指点！

· **学诚法师：** 人总是找许多理由来支持自己理直气壮地起烦恼，但无论怎么说，起烦恼就是起烦恼，修行人要对治的就是这个，否则与不修行有什么区别呢？要先承认是自己错了。父母的成长年代、环境、所受教育等都跟我们不同，自然很多观念会不一样。家庭生活多是生活琐事，如果总是强调一个"理"，争辩对错，那肯定就有问题，在家里要多讲"爱"。

你关心过妈妈的身体吗？知道她最近有哪里不舒服吗？你体谅过妈妈的情绪吗？你知道妈妈最喜欢吃什么吗？你陪着妈妈做过一整天家务吗？你仔细看过妈妈的脸吗？做到这些就知道该怎么做了。

烦恼在熟悉的人面前最容易出现

· **问：**我总是和不太熟悉的人能聊得来，和关系近的反而有些封闭自己，我这是什么问题呢？感恩师父慈悲开示。

· **学诚法师：**烦恼在熟悉的人面前最容易出现，因为关系近、相处时间多，自己的问题无处遁形。修行人，要学会在最近的亲友身上发现自己的烦恼，反省改过。

把"怨气"转化为"福气"

· **问：**我结婚十年了，可我婆婆对我总是处处算计。我是不善言辞之人，经常被她气得说不出话，感觉自己已经到了心理崩溃的边缘，身体也出现问题，经常胸闷，我不知道以后的路要怎么走下去，求师父解惑。

· **学诚法师：**记住一点，别人或许会冤枉你、误解你，业果绝不会有丝毫差错。如果自己没有做错什么，那内心就坦然放下吧，她算她的，我过我的。处处算计、小肚鸡肠，痛苦的应该是对方。把这些事情牢牢记住，就好比把他人的烦恼珍藏于内心，还不时拿出来看一看气自己，内心的烦恼贼与外在的境界里应外合，劫夺自己的功德财——如果面对这样的境遇不起烦恼，一笑而过，将积累非常深厚的福德。

一直往内心填充怨气，总有一天会爆炸；但如果会修心、调心、思维正法，就可以把"怨气"转化为"福气"。所以从现在开始，要做的不是别的事，而是要学习如何修行，净化内心烦恼。

单亲妈妈如何让孩子健康成长

· **问**：我是个单亲妈妈，带着两个女儿生活，孩子慢慢长大也会问我是否已经跟她爸爸离婚，我不知如何回答是好，要实话相告吗？还有，未来的日子如何让孩子内心健康成长？

· **学诚法师**：自己内心健康、自信、积极，就是最好的答案。

亲人相继离世，如何走出悲伤

· **问**：我这一个月过得好艰难，80多岁的爷爷奶奶相继去世。我才怀孕3个多月，我是跟着他们长大的，这个打击让我真的有点儿走不出来。求您点拨。

· **学诚法师**：所有人事物都有生住异灭，用执着心去对待，就看到悲欢离合；用智慧心去对待，就看到缘起缘灭。此生因缘虽然消散，但我们感恩报恩的心仍然可以持续，这份心仍然如纽带一样连接着我们和亲人。用祝愿取代悲伤吧！

再亲近的家人，死后也是各自受报感果

· 问：我的妻子意外去世，事业跌入谷底，两个儿子还有双方父母四位
老人都需要我。一年的时间让我积攒多年的努力付诸东流，现在压力
好大。是我前世作孽太多了吗？面对压力，我现在死不起，活遭罪。
本是幸福的一家人，现在失去了妻子、孩子的母亲，没有了家的感觉，
我已经不会笑了；孩子在我面前也几乎不笑，对于他们，童年也是有
阴影的。我现在唯一过下去的理由就是这两个孩子，要不然我早就随
她而去了。要怎样做才能改变今生后世？

· 学诚法师：再亲近的家人，死后也是各自受报感果，不可能"随她
去"。逃避是无法解决痛苦的，只有面对它、跨越它。现在对于父母和
孩子而言，你是至关重要的，不要有放弃的想法，要下定决心好好活
下去，勇敢走出过去的阴影。

人各有志，何必勉强

· 问：生活中遇到了疑惑，望您指点一二。父亲搭建平台让我与丈夫创业，
但他能力有余，野心不足，所以生意也一直平平。想激起他的斗志，却
每次都换来抗拒与争吵，所以很迷茫，不知如何继续。

· 学诚法师：人各有志，何必勉强。自己想做，自己努力就是。

第九章

我要成为什么样的人

生活的本质就是无知造业、被动受报

· 问：人活在这个世上奔波忙碌，所经历的一切酸甜苦辣、痛苦迷茫到底是为了什么？为了钱、名、利、情、欲、婚姻、孩子？还是什么？有时候会有一瞬间觉得心里空了。生活的本质到底是什么？

· 学诚法师：生活的本质就是无知造业、被动受报。由业受身，身还造业，循环不止。修行，就是要把这个迷茫、迷惑的生活，转变为发愿、践行的生活。

人缺乏愿力，只好活在眼前的、短期的刺激中

· 问：您好！一直以来都有一个问题困扰着我。一旦没有了奖惩，做事便失去了动力。但为了奖惩而做事，又感觉心太累。法师，我们做事到底是为了什么，乃至于做一些生活琐事的动力又来源于哪里？感谢法师开示！

· 学诚法师：外在的奖惩，是对小朋友有效的方法，因为这个收获、快乐来得最直观。对成熟的人来说，自己内心要有动力、有志、有愿，这样才不是被动地随着外界奖惩而做事。遗憾的是，现在很多成年人在这个层面上，都还是孩子，以所求定高下。

这几年来，社会流行的一种"空心病"，就是这样。人缺乏愿力，只好活在眼前的、短期的刺激中，长此以往，内心就越来越空虚迷茫。每个人都需要发心、发愿，才能感觉到人生的价值。

怎么发愿呢？要去学习，向那些有愿力的人学习。比如乔布斯说"活着就是为了改变世界"，就是一种愿。身边还有许多普通人，他们或为了地球的环境更好而坚持自带环保餐具，或为了这个社会更温暖而奉献爱心……愿有大有小，但都足以给自己带来动力。

我们总是害怕得罪人，却不怕"得罪"业果

· 问：请教您一个问题。有人在评论他人是非的时候，我也很容易跟他一起评论他人是非。这个时候该如何回应，才能把话聊下去呢？请师父开示。

· 学诚法师：如果自己控制不住烦恼，那就最好不要开口。造恶业非常容易，随顺习气就可以了；但恶业感果时，却苦不堪言。我们总是害怕得罪人，却不怕"得罪"业果。

自己是什么样的人，就会吸引什么样的朋友

· **问：** 怎样做人才是真诚呢？我以诚相待，把他当好朋友，可对方却虚情假意！现在的我和人相处时总担心对方不是真心待我，总是和别人保持距离，感觉自己没有真正的朋友，我该怎么转变思想呢？怎样才能交到真心的朋友呢？

· **学诚法师：** 由于宿世业力的缘故，我们可能会遭遇到欺骗等不友好对待，即使佛陀也曾被弟子背叛，但是这并不代表所有人都会这样。更为重要的是：自己是什么样的人，就会吸引什么样的朋友，犹如磁铁自然会吸引铁磁性物质。交友不要怀着交换的思想——我对你好，你就要对我好，而应该首先做自己最忠实的朋友。不管外境如何，自己做人的原则都不要变，这是真正的自尊自爱。我们不能决定别人对我们如何，但可以决定如何对自己负责。

要追求"我要成为什么样的人"，
而不是"我要得到什么"

· **问：** 人生应不应该有追求？

· **学诚法师：** 人生当然应该有追求，不过要向内求，而不是向外求。追求"我要成为什么样的人"，而不是"我要得到什么"。

工作的时候，要想想自己是在做事，还是在造业

· **问：** 您好！在工作中，我有六年的经验，一直重复着每天千篇一律的生活。我发现我脱轨了，没有新鲜的东西注入，我迷茫、疲惫，可也无法学进新的知识，不愿接受甚至抵触。我知道这样不对，可不知道怎么改变自己！求师父指点！

· **学诚法师：** 工作的时候，我们要去想想：我是在做事，还是在造业？这两者是不同的。当然我们所有的行为都是在造业，但自己有意识的造业，就有用心在里面，就有愿，就能够有动力、有欢喜，否则就是像机器人一样机械地做事，那就很苦恼了。

农民耕种、工人生产、孩子读书，乃至出家人的宗教修持，各行各业，从细节来讲都是重复的，一天又一天，一年又一年。不理解其中的意义，就会感觉原地踏步，枯燥重复；反之就成了一种坚持，一种发展。形式是一样的，意义是不一样的，要加入自己的心。

大事要有决定，小事上就容易专心

· **问：** 这两年自己的专注力越来越弱，应该如何解决呢？

· **学诚法师：** 大事要有决定，小事上就容易专心。

活在当下不等于不管未来

· **问：**如何才能够活在当下？

· **学诚法师：**活在当下不等于不管未来，恰恰只有非常明确生命的方向，才能够活在当下，正如俗话所说：人无远虑，必有近忧。例如开车，先明确要去的地方，驾驶时安住当下，才能顺利到达目的地。如果连方向都不清楚，那这个"当下"也就没有意义了。

离开"舒适区"，不一定是坏事

· **问：**领导想把我调去不熟悉并且非我本专业的部门，而我自己更想留在现在自己专业的部门。后学不知道应该如何更善巧地处理此事？

· **学诚法师：**其实，做不熟悉的工作也可以看成是一次学习、成长的机会。我们喜欢做自己熟悉的事，待在自己熟悉的环境中，这样会比较轻松。可是日复一日，也容易失去学习的劲头和改变的勇气。

　　如果打消了内心的障碍，去或留都不是问题。

目标的达成不是结果，而是一个新的开始

· **问：**您好！最近达成自己的目标后，变得有一点点膨胀、焦躁，自己的脾气还莫名变得易怒了。波动是察觉到了，但也仅仅是察觉到了，可怎么对治呢？

· **学诚法师：**目标的达成不是结果，而是一个新的开始。要知道下一个目标是什么，否则人就会失去方向，心无处安放。

身体和心的力量，如果不用，也省不下来

· **问：**若做事着实觉得累、力不从心，该怎么办呢？

· **学诚法师：**身体和心的力量，如果不用，也省不下来；反之，越用，力气越大，越不用，人越无能。人累的时候，常常觉得是为别人在做事，被外缘逼着，烦恼就起来了，正念就没有了。应该去想：这些都是我自己要做的，为了自己的成长、为了积累福慧资粮而做的。如果不做事、不承担、不学习，那我们在做什么呢？会带来什么结果呢？

如果心态很好，工作的时候也高高兴兴，休息的时候也想着：休息好了明天继续加油；如果是心力疲软，本来正常的工作会觉得苦不堪言，总会想：我为什么要这么辛苦？要反省自己是身体累了，还是心的问题。

感觉非常迷茫的时候该怎么办

· **问：** 总是感觉前途迷茫怎么办？

· **学诚法师：** 迷茫，来源于对自己的怀疑。这种怀疑有两个方面：一是怀疑自己走的路到底对不对；二是对自己的能力没有信心。

前者又分三种情况，要仔细反思：第一种情况，自己走这条路的初发心是为了什么？是否从来没有思考过自己所做的这一切到底是为了什么？如果只是随波逐流，那么现在应该停下来好好想一想；第二种情况，虽然有初发心，但是现在所做已经渐渐背离初心，就要去调整、改变；第三种情况，自己的发心没有问题，那就再次勉励自己，增长勇气，不畏困难。

如果道路正确却仍然感到迷茫，就是因为对自己的能力失去了信心，觉得很多事自己做不到，所以不知所措。这时不要陷入沮丧的情绪中，相反应该高兴，因为已经摸到了自己能力的瓶颈，就意味着自己提升的机会到了。多虚心请教他人，调整自己原有思路，脚踏实地去尝试、去改变，慢慢就能走出困境。

亲近优秀的人，自己就能变得优秀

· **问：**您好！我在一位德高望重的大师院长那里做助理，我看好院长要做的这个事业愿景，但我不喜欢现在的工作氛围，和同事们在一起很自卑。我本来有属于自己的奋斗目标，现在却很茫然。请法师开示！

· **学诚法师：**亲近优秀的人，向他们学习，自己就能变得优秀；如果面对比自己更优秀的人，产生自卑和排斥，这种对自我的保护却恰恰是成长的障碍。

是否苦头吃够了，人才会学乖

· **问：**如何增长内心智慧的力量？苦头吃够了，自己就会学乖，这算不算一种方法？

· **学诚法师：**智慧，要从智慧的人那里得来，而非跟随习性。趋吉避凶是本能，但人往往只看到眼前的苦乐得失，难以做出正确的选择。所以要听闻、思维，在境界面前实践。

总是担心一些没有发生的事情怎么办

·问：我前两年心里受到了很大的伤害，心里总是有阴影，总是担心一些没有发生的事情，失眠已经有几年了，怎样摆脱心里的阴影？

·学诚法师：不要活在过去，也不要为未来还没发生的事担忧，做好当下。

当痛苦的回忆起来时，要对自己说：这些都过去了，不存在了。让自己停下来，不要再往下想、钻牛角尖。每天晚上抽十分钟或半小时，读一些好书，让智慧的光照进内心。

人生苦短，要做就做对生命有帮助的事

·问：弟子总感人生短暂，想做自己喜欢做的事，但活着不易，不得不为生活而奔波。一直在现实与理想中苦苦挣扎，该怎么做才对呢？

·学诚法师：人生短暂，应该做对无限生命有帮助的事。

大方向没搞清楚，小地方就会处处纠结

· **问：** 您好！不知道为什么心中总是欲望不断，眼前的事情解决了，总想解决明天或者后天的事情，欲望总是得不到满足。我只想过好今天，越这么想，内心越是焦躁，觉得自己想要的太多，内心矛盾得很。我该如何学会取舍？

· **学诚法师：** 过好今天，也需要对未来的规划。我们说"安住当下"，并不是孤零零地只取当下这一刻，只管今天。人应该有长远的规划、中期规划、短期规划，这样才能每天都过得踏实安心。

　　人无远虑，必有近忧，你的问题不是欲望太多，而是缺乏长远的人生规划——大方向没搞清楚，小地方就处处纠结。这个规划不等于欲望，是要"择善固执"，经过理智的思考，取舍拣择，然后去落实它，不再反复、犹豫。

念头跑错了路，人就会做错事

· **问：** 今天早上我六岁的儿子问我"善与恶之间隔着什么"，我答不出来，恳请师父开示！

· **学诚法师：** 隔着人的念头。一念错，就会从善到恶；一念对，就能转恶为善。所以我们要看好自己的念头，给它指路，让它不要乱跑，念头跑错了路，人就会做错事，让自己和别人受苦。

不要整天幻想干大事

· **问:** 意识和行动难以统一，只想不做，何解？

· **学诚法师:** 拖成了习惯，行动力不足。改变坏习惯，最好的办法就是
培养好习惯。不要整天幻想干大事，幻想一下子完成多少工作，给自
己非常具体而微的目标，立即去做。比如把垃圾桶倒掉，把桌面收拾
一下，给朋友回一个早就想发的邮件……只有行动，才能提升自信心，
才能干成事情，才能改变自己。

第十章

最强不过平常心

平常心，就是把无常当作正常的心

· **问**：什么是平常心？

· **学诚法师**：平常心，就是把无常当作正常的心。

无论他人造什么业，自己都要造善业

· **问**：您好，我的文章被别人盗窃，署了别人的名，我还没有办法要回来，很痛苦，怎么办呢？

· **学诚法师**：一时的文章名誉偷得走，一世的学识品格偷不走，生生世世的业力更偷不走。忍辱是非常有原则的，那就是：无论他人造什么业，自己都要造善业，对自己的业负责，不为他人的错误付出代价。眼前这种情况，不要费心力去恨人，要转而用心让自己更优秀，做事更谨慎。

压力大，因为妄想太多

· **问：** 我最近想得太多，压力很大，导致睡觉多梦、掉头发。有什么方法可以释放压力，缓解急躁？愿师父指点迷津。

· **学诚法师：** 压力是由许多妄想堆积而成的，比如猜测、担忧、误解等等。如果找一支笔把自己心里焦虑不安的事情都写下来，会发现是一个死循环，找不到出口，这说明自己内心已经被种种妄想的"雾霾"堆满了，陷入了迷茫。此时需要一阵风，把雾霾吹走，还内心以清明。这阵风是什么呢？就是正念、正思维。要创造一个机会、借助一个外境，让自己提起正确的念头来，例如读一本指引心灵的书，去寺庙听一听晨钟暮鼓，甚至去医院或墓地走一走，静下来思考一下。

有一种妄想叫"结果还没出来，就幻想会失败"

· **问：** 您好！我即将面临研究生入学考试的报名，我今年是第二次考，很想报中国人民大学，可内心深处觉得自己实力不够，害怕再次落榜后别人对我的质疑，也担心我这半年的努力白费。但是报其他学校内心又有不甘，好像自己并没有准确定位自己的实力，也不清楚自己的实力如何。

· **学诚法师：** 结果还没出来，就幻想会失败，这就是一种妄想。很多时候，人都是被自己妄想出来的困难打败的，平白给自己增添许多无谓的纠结。不要去担忧还没有发生的事情，把心力投入自己决定要做的事情上，把握好当下。

为什么我对别人好，别人却把我的好当作理所当然

· 问：不是说善待他人等于善待自己吗？为什么我对别人好，别人却把我的好当作理所当然？

· 学诚法师：你的这种"善待"并不是心甘情愿的，而是一种交换。对别人好，内心是希望别人领情，回报自己同样甚至更多的好。这样的心情从一开始就是沉重的枷锁，把自己绑住了，怎么还能够"善待自己"呢？真正懂得这句话的人，不会把重点放在别人的行为上。

认为别人都不如自己，那就是慢心

· 问：您好！请问如何精细地捕捉并对治自己的傲慢呢？

· 学诚法师：与身边的朋友相处（包括学佛和不学佛的），如果大家感觉到很舒服、很轻松，就是修得比较好；如果令人感到压抑、紧张，甚至引发排斥和争论，就是有问题的。这是从别人的反馈来观察的。

从自己的心态来观察，如果跟人相处时，处处觉得自己最正确、最高明、最犀利，别人都不如自己，那就是慢心；反过来感到每个人都有值得自己学习的地方，都能教给自己东西，那就比较有弟子相。

不要活在自己很厉害的错觉——"慢心""疑心"里

·问：怎么去除贪嗔痴慢疑中的慢和疑？

·学诚法师：慢慢学习。骄慢，是因为自己懂得太少了，眼界太狭窄了，活在自己很厉害的错觉里。懂得越多、见得越广，越能知道天外有天，看到自己的无知与无能，自然而然就不会再有慢心。怀疑，也是因为自己懂得太少了，闻思太少，所以对真理生不起信心来。

身边总是有小人怎么办

·问：我身边总是有小人，缺少贵人，要怎么破解？

·学诚法师：不要把成败的理由都推给他人，自己是什么样的人最重要。

要善于从别人的过失中学到东西

· **问**：面对慢心重，又不得不相处的人，该如何反省来磨掉自己的慢心？该委曲求全还是少言寡语？

· **学诚法师**：观察慢心的形象，思维慢心的危害，然后反省自己身上有没有这样的问题。譬如，当别人看不起自己的时候，自己是否也在看不起别人？别人的轻视让自己愤怒，是不是因为原本自我感觉良好却被打脸？慢心藏在我们身上，自己很难认识到，外境正好是一面镜子。平常人因别人的过失而增长自己的烦恼，有智慧的人却善于从别人的过失中学到东西。

试一试把身边的人都当作恩人来对待

· **问**：我在与身边人的交往中，总是不自觉地有"还因果，了宿缘"的想法，只要别人不主动找我，我基本不会发起交往。这样的结果就使我和身边的人，感情越来越淡，有时候觉得无话可说。这样做对吗？

· **学诚法师**：把身边的人都当作恩人来对待，而不是当作债主来看待。

在没有修行之前，没有一个人能控制自己的烦恼

· **问：**有时我明明知道去做某一件事是不好的，可我又控制不住自己。我想知道是自己经受不住外界的刺激和诱惑，还是内心的欲望在作祟？请问我应当如何改变这个现状呢？

· **学诚法师：**修行。在没有修之前，我们是无力控制自己的烦恼的。再想多少遍、讨论多少道理，都没有用。就好比一个孩子坐在游泳池前，一直问："我该怎么做才能从这头游到那头？""哪种泳姿才最省力、最快速？""水是冷还是热，下水后会抽筋吗？""你说我能学会游泳吗？"等等，却根本不下水、不去学习游泳，那只会永远无解。

做事很浮躁怎么办

· **问：**自己做一件事，会觉得心有一些浮躁，有赶着做事情的感觉，没有沉下心来的专注，最后的结果也是粗糙，但一直没有找到病症和解决办法。祈请师父开示！

· **学诚法师：**这是节奏快、急性子，一直往前跑的习性，跑着跑着就容易把初衷忘了。事情是做不完的，要多思维：我们不仅仅是做事，更是在造业；不仅仅是把事做完，更是历事练心。做事前，要思维宗旨、把握造业方向；做事时，要七分做事，三分观心；做完后，要反省，自己的身口意有哪些地方做得好，哪些地方做得不好，过程中有没有起烦恼，为什么会起这样的烦恼。

感觉自己做事无法持之以恒，怎么办

· **问**：感觉自己做事无法持之以恒，您有什么方法吗？

· **学诚法师**：坚持一件事，有几个原因：1. 对事情的价值很清楚；2. 有清晰的、切实可行的目标；3. 有一定的自控力（自控力可以通过刻意训练而增强）；4. 从中感受到快乐。

最后一点虽然很重要，但不应将此作为首要条件。很多事情都需要经过努力坚持以后，才能够感受到快乐。

清者自清，浊者自浊

· **问**：我现在到了一家新公司，原来的朋友变成了敌人，在背后四处对我造谣中伤。我现在不知道是去找他们沟通好，还是要和他们针锋相对？请法师明示，谢谢！

· **学诚法师**：做好自己。清者自清，浊者自浊。

心聚焦在哪里，就会把那个问题放大

· **问**：您好！我的牙齿很不好，疼起来就没心情做别的事情。整个心都是围着牙在转，觉得医生没给我治好，又不好意思再去看。每次补牙、治牙对我来说都是一次长期的抑郁，我该怎么办？感恩！

· **学诚法师**：我听说过这样的故事：有个人觉得自己的鼻子不好看，天天照镜子盯着看，越看越觉得丑，就去做了整容。整完后觉得失败了，更加懊恼，可是旁观者看，既没看出之前有什么不好，也没看出整容后有什么区别。她觉得非常明显、无法忍受的瑕疵，外人一点儿都没发觉。

心聚焦在哪里，就会把那个问题放大。俗话说"当局者迷，旁观者清"，就是因为人的执着往往扭曲事情真相。听听自己信任的亲友对这件事的判断，相信他们的话，不要持续沉浸在自己的想法中。然后，用心去做其他的事。

做人客套好不好

· **问**：大家都说我清高，我有时候也在反省。其实，我只是不想变得那么客套，也在很真诚地跟人交流。我需要改变吗？

· **学诚法师**：跟人相处、交流时，若心里有隔阂，表面客气，那就成了客套；如果心里真诚，那表面的热情和微笑就能让人感到温暖，关键是自己对人是否真正有善意和关怀。当自己说"不想客套"时，其实是内心没有温度，所谓的"真诚"只是随自心情不管别人。要学会去欣赏身边的人，关心周围的人。

财富只是你的工具

·问：您好！作为一个年轻人，现在还需要钱、需要物质！怎么达到物质与精神的平衡呢？放下物质也就意味着养不活这个家庭啊！

·学诚法师：放下不是一个行为，而是一个心态，放下物质对自己的束缚。譬如使用一个工具，用完了你自然会把它放下，不会黏着不舍；财富于人也是一个工具，但许多人却成为财富的奴隶。当你能够把财富当作工具而不是目标时，就是放下。

不要只看到名利的诱人之处

·问：想要名利心不那么重，该怎么做呢？

·学诚法师：不要只看到名利的诱人之处，要看到它的隐患与无常。名利带不来真正的快乐，却是很多悲剧的开始。

第十一章

逆境、顺境，都在一念间——

什么是"命中注定"，什么是"命自我立"

· 问："命中注定"该怎么理解？因缘际会错过的，或者没有做成的，可否理解为命运里注定没有的？是没有缘分，就随他去，不要执着。这样的话，是否不争取或者不用强迫自己去争取，平平淡淡随机缘和随心去生活就好了。那这是不是懒惰？顶礼师父！

· 学诚法师：不在果上求，而在因上努力。现在的果，是过去的因决定的，可以叫作"命中注定"；但现在的行为，又决定了未来的果，这就是"命自我立"。

什么是我们负重前行的动力

· 问：能让人负重前行的是什么？

· 学诚法师：同样二十斤，如果是石头，你背着就会苦不堪言；如果是自己的小孩，就不同了。如果心里有爱、有责任、有愿力，再难再重的事，都不是负担，而是庄严。

容易走的路往往是下坡路

· **问：** 如果面对诸多选择很难做出判断，且这些选择又不是自己情愿去选的，这个时候该怎么办呢？望大师能指点迷津。

· **学诚法师：** 面临诸多选择时，选择最难的那一条路。因为，容易的往往是下坡路。

人出问题往往是在顺境中

· **问：** 我以前工作很不稳定，不是短期的就是合同的，去年年底我变成正式工，我好高兴。最近听说有人想给我换一个不太好的工种，把这个好位置给别人留出来，我很生气，就产生嗔恨、埋怨。我知道这是不对的，但还是很生气，怎么办？

· **学诚法师：** 好好做，让自己成为这个岗位的不二人选。人的价值要靠自己去创造，不能坐等好运，同时也不必惧怕他人的争夺。嗔怨外境是无能的表现，有智之人懂得提升自己去超越外境。

人出问题往往是在顺境中，而不是逆境。超越顺境，就是要"胜不骄"；战胜逆境，就是要"败不馁"。

工作不是为了别人，是为了自己。

把自己的经历当作一部超长连续剧的其中一集

· **问:** 这几天因为和人闹了矛盾,心情巨难受,请求师父开导徒弟。

· **学诚法师:** 试着把自己的经历当作一部超长连续剧的其中一集,上一集还是好好的,下一集突然转折;这一集还在痛苦,下一集或许又柳暗花明。起起伏伏、无常变幻,本就是人生常事。

强大往往都是逆着来的

· **问:** 我遭遇了职场逆境,我和同事已忍耐"空降"的领导两个月,我们一次次互相鼓励、扶持、坚持,都被无理折磨打败,有点儿坚持不下去了。这个逆境是对我的考验吗?

· **学诚法师:** 如果你不把对方看作小人,那么你就会找到该学习的功课。成长往往都是逆着来的。

但行好事,莫问前程

· **问:** 您好!现在身处困境,很痛苦,这一年的折磨、压力,让我的心态已经崩塌,恳请师父指点!

· **学诚法师:** 处于井底时,唯一的路就是向上。但行好事,莫问前程。

不要总是在"我行不行"这个问题上纠结

·**问：**您好！从小我一遇到困难，就觉得自己不行。这种想法好像一道墙，我努力过很多次都无法逾越，所以我活得焦虑紧张。请问师父，我怎样突破这样的心理障碍？怎样增长克服困难的勇气？

·**学诚法师：**遇到困难、挫折，只是代表自己现在做不到，而不是"我不行"。就像婴儿，翻身、坐、爬、走……都要学习，都是从不会到会，都会跌倒，这有什么可怕呢？长大后，这些挑战就变成其他方面的了，做人的、做事的，不会的就学，失败了再来，慢慢就能做到了。困难都是正常的，不要总是在"我行不行"这个问题上纠结，自我怀疑，自我否定，只管努力就好。

逆境、逆缘要珍惜

·**问：**同事经常会莫名地针对我，大部分时候我都不和他计较，但还是会发生很多不快的事情。是我的问题吗？我该以怎样的态度面对他呢？

·**学诚法师：**于他，是业力烦恼不能做主；于己，是恶缘现前。生活中出现跟自己过不去的人，就如探测器一样，显示出自己过去和现在存在的问题。解决了这些问题，痛点才会消失。

看到苦果，要反省自己造过这样的因，曾给别人带来过伤害；观察现在的心相，训练如理作意，磨砺慢心与嗔心，培养慈悲。要珍惜逆境、逆缘，没有它，我们就没有机会看到和解决问题。

做事，永远用面对过程的心态来面对一切

· 问：换了工作环境，压力很大。我觉得自己已经很努力了，每天都很累，却仍没做出什么成绩，很迷茫。我该何去何从？

· 学诚法师：不要心心念念想着要赶快出成绩，越是这样压力越大。每天都尽心尽力去对待自己的工作，认真负责完成规划事项，不足之处向他人学习，在今后工作中改进。顺也好，逆也好，永远用面对过程的心态来面对一切。

人生永远不知道"如果当初那样选择，我现在会怎样"

· 问：您好！我毕业三年了，本来按既定路线走可以过得很好，但三年来我每一个选择都得不到自己想要的结果。看着同学事业蒸蒸日上，而我还在摸爬滚打，有时心里好恨自己，越来越不自信！求点化！

· 学诚法师：人生永远不知道"如果当初那样选择，我现在会怎样"，这都是自己的幻想而已。接受当下的因缘，做好现在的事情。

如果觉得选择错误，要"痛定思痛"，去深刻反省自己为什么会这样选，自己所求的到底是什么，错在哪里，然后改过。一味后悔，是没有意义的。

不能改变环境是自己的力量不足

· 问：您好！弟子平时工作环境不好，有时忙的都是无用功，工作强度又大，很无奈，内心总是起嗔恨，该如何化解？

· 学诚法师：不如意的环境，是自己的业感；不能改变环境，是自己的力量不足，不应该责怪外在这里不好那里不好，一切都靠自己创造和改变。人总是觉得外境应该怎样，我应该得到什么，却很少去想我为这些付出了什么，我应该做些什么。

遇到挫折时，要想想还有很多人受的苦比自己多很多

· 问：您好！在挫折面前我们如何才能做到淡然面对？遇到挫折怎么解决？

· 学诚法师：遇到挫折时，要想想还有很多人受的苦比自己多很多，比起来自己已经很幸运了，这一点点挫折有什么可怕呢？事情不如意，是多种因缘和合的结果，不要去执着这个结果，把握好自己当下种什么因就好。

把苦当作老师

·**问：**我从初中开始一直很坎坷，总是遇到各种打击，一直在痛苦中生活。我很害怕自己会不会有精神问题，我该怎么办？

·**学诚法师：**遇到挫折不要躲避，而是想办法去面对、跨越。当一个坎过去了，自己就提升一点儿；每一个坎都这样过去，自己就成长很多。但如果对挫折总是怀着畏惧和逃避的心态，那每次只是白白受苦。好比与敌人战斗，无论敌人多强，都要正面去战斗，一次次增长经验和力量，总有一天能战胜敌人；若每次都背对敌人、疲于逃命，那永远只有被虐的份儿，人的信心与勇气也会在这个过程中渐渐磨灭。转过身来，勇敢面对人生，把苦当作老师。

昨天的太阳能晒干今天的衣服吗

·**问：**您好！因小时候有过被欺凌的经历，这种阴影也延伸到了现在的工作生活中，导致被同事排挤孤立，影响工作的开展和自我成长。请问法师，如何面对这种烦恼？

·**学诚法师：**昨天的太阳能晒干今天的衣服吗？同样，不要把过去的阴影带到现在的生活中。放下被伤害的幻想和恐惧，用全新的眼光看待自己和生活。多学习善法，开发自己内心的自信、光明。

注重结果，一定患得患失

· 问：每次交新朋友的时候，心里总会担心这段关系走不下去，担心别人会觉得我没趣而离开我。这都是为什么？该怎么去改变这种心态呢？

· 学诚法师：注重结果，一定患得患失。把对结果的担忧放下，更努力于自我的修养。让自己做一个对别人有益的朋友，而不是纠结别人到底会不会喜欢自己。

决定了就不要犹豫，尽力了就不要后悔

· 问：我为了一直想去的学校已经第三次考研了。本来很坚定，但临近报名却越来越犹豫。想考的学校和专业本身难度就大，再加上临时换新的考试科目和缩招让弟子觉得希望更加渺茫。放弃梦想心有不甘，可继续坚持又怕再次失败后会后悔自己的坚持，这次不能再输而且也输不起了。师父，我该怎么办？

· 学诚法师：决定了就不要犹豫，尽力了就不要后悔。

心中有大志，不怕眼前不得志

· **问：** 我的名字里有"志"字，为何一直屡屡不得志？

· **学诚法师：** 福报因缘不具足，要在这两方面下功夫。名字里有志，还要心里有志。心中有大志，不怕眼前不得志。

为什么小婴儿从来不怕学走路

· **问：** 有时候遇到的境界稍微一多，我就变得消极，缺乏信心了。是自己能力有问题，还是有的事情也只能做到这里呢？虽然我也知道这种想法不是正念，可还是感觉做事没有底气，应该培养什么呢？

· **学诚法师：** 能力都是在逆境和困境中磨砺出来的，不要给自己设限。不能去想"我做不到""我不行"，要想"我是不是还能再前进一步""我再努把力"。

小婴儿学走路是怎样的？不断跌倒，不断爬起。他从不会担心自己的能力就只有这些，害怕再次失败而变得消极，只想着怎么走起来。

去想"如果当初"是最没有价值的一件事

· **问:** 我经常在想,如果当时父母不那样教育,或是我坚持正确的观念,现在我就不会这样。我不能原谅自己,我该怎么办?

· **学诚法师:** 去想"如果当初"是最没有价值的一件事。"往者不可谏,来者犹可追",要去想希望未来怎么样,怎样才能报恩,然后努力去做。

离开,是因为你知道有另一条更好的路

· **问:** 现在有份工作做得很痛苦,很想离开,又怕没有更好的去处。求法师开示。

· **学诚法师:** 离开,不是因为你讨厌这条路,而是因为你知道有另一条更好的路。前者是逃避,后者是选择。否则就算跑到其他地方,痛苦可能还会上演。

总是把事情想得很坏怎么办

· **问：** 我总是把事情想得很坏。请问师父，如何转换思维业障？

· **学诚法师：** 对事情应该规划而不是妄想，规划是理智地分析什么情况
会导致什么结果，自己又该如何应对；妄想是直接猜测担忧结果，浪
费大量心力在情绪上，却对于当下该做什么毫无想法。要更多重视自
己的行为、决定，不为还没有发生的事情纠结。

第十二章

心不累的生活

一直向阳光奔跑，才会把阴影甩在身后

· 问：您好，怎样才能没有自卑感呢？

· 学诚法师：每个人身心上都有不圆满的地方，自卑的人会紧紧执着这些地方，放大它，屏蔽其他的东西，否定未来的可能性，内心充满了"我不行""我会把事情办糟"等声音。要看清楚，这些念头都是建立在虚幻的想象之上的，是自己给自己贴的标签，犹如有色眼镜让我们看不到真实的情况。每当这种念头生起来的时候，不要跟着它跑，而要停下来看着它，冷静地认识它的妄想本质。内心要常常去想"我应该怎么努力""我想变得更好"等。一直向阳光奔跑，才会把阴影甩在身后。

如何感觉到生活有意义

· 问：总是觉得自己对社会毫无意义，什么能力都没有……都不明白自己活着的意义在哪里。

· 学诚法师：当我们哪怕做了一件最微小的利益他人之事时，都会感到生命的意义。比如耐心地为一个陌生人指路，在冬天给小鸟准备一点儿米粒，主动问候和祝福一个久未联系的朋友。

目光放长远，不要什么都想要

· 问：您好！我每次遇到重要的选择时就会痛苦纠结到失眠，反复权衡利弊，最终做出的选择还总是令自己后悔不已。事后也总感觉自己当时在犯傻，走错了路。希望自己能像那些有主心骨的人一样，大事面前举重若轻，思路清晰，抉择果断而准确，但不知该如何改进。希望您能指点迷津，感恩！

· 学诚法师：做选择，最重要的是，一，目光放长远；二，不要什么都想要。

　　你这种情况可能有两个原因，一是自己真的选错了，二是得不到的才是最好的。无论怎样选，都会怀念没有选择的那条路。要看清楚自己的问题在哪里，可以听听身边熟悉情况的亲友的建议。

累，就是因为该做的事没有做

· 问：我最近觉得特别疲惫，不管是生理还是心理，睡醒的时候觉得比睡之前还累。明明有很多事做，也能做好做完，但就是觉得无事可做，也懒得动，只想睡觉，每天都不知道在干些什么，很难受。

· 学诚法师：累，就是因为该做的事没有做。不要给自己任何借口，去完成这些事情，心里的负担才会减轻。

爱自卑怎么办

· 问：您好！我心里不接受自己，不爱自己，自我的价值感非常低，只能依靠外在的人和事的反馈来感受到自己的价值。我该怎么接受自己，怎么拥有一个内在稳定的自我评价呢？

· 学诚法师：自卑不是"不爱自己"，而是执着自己的另一种表现。内心有许多幻想，但与现实有落差，所以感到痛苦。如果一个人总是在想自己的价值有多少，那一定会走到向外追求的路上去，注定苦多乐少。

稳定而有力的自我定位，不是去寻找自己的价值，而是要找到自己未来的方向，对团队或他人要产生什么样的作用，然后以此为目标而忙碌。也就是说，要用一个更高远的目标来替换内心的妄执。

小时候，分别心很少

· 问：我小时候遇到脾气不好的人，都会问"怎么了""你生气了吗""是因为我吗？是的话对不起，不是的话跟我聊聊"，对方就变得柔软了。长大了，我会问"凭什么"。小时候我有佛性，不知道长大后怎么变成了这样，是我智慧不够吗？

· 学诚法师：小时候，分别心很少，自我的执着较轻；长大后，欲望越来越多，分别、执着越来越重。

不要拿自己的因跟别人的果比

· **问：** 您好！我常常觉得自己能力不如人，很郁闷。小事不愿意干，觉得即便做了也不如身边这些朋友，可一时又没有能力去做大事。明白自己不应该如此，却总为此所困。请问师父，该如何解决？

· **学诚法师：** 人家的成就是果，如果拿自己的因跟别人的果比，自然是比不过的，为此郁闷或悲观都是不对的。我们不需要与人攀比结果，而应学习他们的优点和努力的过程。要常常去想，这个人这点比我强，那个人那点值得学习；我有哪些地方不足，应好好改正。一直在自己的身心上努力，外在就会越来越好；若自己不知改进，一味去比较外在成就，终将在妄想中蹉跎。

生气不如争气

· **问：** 在单位遇到不公正的事，总是控制不住要抱怨几句，自己也能感觉得到嗔心。我该怎么对治呢？

· **学诚法师：** 生气不如争气。绝大多数人都止步于生气，却不能更进一步去争气。前者伤己伤人，后者才能真正自利利人。生气，是旁观者的抱怨；争气，是主人翁的担当。是生气还是争气，取决于自己如何定位，发心有多大，愿意付出多少。

竞争不如自强

· 问: 对于竞争, 我特别忧心, 但现实又避免不了竞争, 会让我觉得特别有压力。每次都会开解自己, 不要那么在意高低, 但情况总是反复, 不理想。是因为我心里的力量不够吗? 我该怎么做?

· 学诚法师: 不要与别人比, 要向别人学习。竞争不如自强, 努力提升自己的实力才是王道。

胜过别人没什么了不起的, 胜过自己才了不起

· 问: 慢心病越对治越严重, 怎么办?

· 学诚法师: 胜过别人没什么了不起的, 胜过自己才了不起, 更何况只是 "自以为胜过别人"。慢心高涨, 就要努力修向上仰望的心、广大承担的心、观功念恩的心, 有了正知、正思维, 才有对治烦恼的武器。

嗔心重的人, 尽管做了很多事情, 别人也不会领情

· 问: 在境界面前, 发现自己内心力量太小了。自己做点儿事情, 就爱看他人过失, 比如边打扫卫生, 边在心里责难同事的懒惰; 边做早饭, 边责难婆婆怎么还没有起床; 看到别人迟到早退, 我虽身在办公室,

却有种被人欺骗的感觉，对此愤愤不平。我该如何改掉这种毛病？如何定性我的这种问题呢？

· **学诚法师：** 这是嗔心的表现。嗔心重的人，尽管做了很多事情，别人也不会领情、不喜欢亲近。不要觉得自己做了别人没做就是吃亏，要认识到这是自己在造业、种因，经营自己未来的人生。欢欢喜喜地造善业，才能积累到福德；否则事也做了，却增长一堆烦恼。

不如我的同事被提拔了，该怎么对待

· **问：** 我入职不久，为公司发展、创建公司制度，付出了不少心血。如今公司提拔一名安于现状的同事做管理者，弟子有些情绪，会不自觉地去想同事的不足，对工作也有些泄气。反观自己，找不到情绪来源，但情绪还在，弟子该怎么办？

· **学诚法师：** 找找别人有什么优点是自己不具备的。情绪来源是"我觉得""我以为""我应该"——内心对自己的判断和认识与现实不符，产生了落差。

不愿回答别人的问题，可以笑而不答

· **问**：我不喜欢在事情还充满未知、不稳定的情况下，就告诉他人自己在做什么，要做什么，有什么计划……但这似乎是社交中无法避免的，怎么绕开呢？恳请开示。

· **学诚法师**：笑而不答。

越强调什么，说明内心越缺乏什么

· **问**：我特别喜欢强调尊严，害怕被人瞧不起。有时候在人际关系中不愿意主动，因为怕"热脸贴冷屁股"会伤自尊；有时候不太愿意付出，并非真的不愿意付出，而是怕低姿态的付出会被人瞧不起，没有尊严。有时因此纠结，导致痛苦。师父，怎么做才会有尊严又不会痛苦纠结呢？

· **学诚法师**：这不是尊严问题，是面子心理。越强调什么说明内心越缺乏什么。

要想得到别人的尊重、恭敬，就要去尊重别人，谦逊、调柔。反之，看不起别人，高傲刻薄，就会感得被人轻视的果报。

有骨气是坚持自己，傲慢是看不起别人

· 问：我一直都认为人应该有骨气。别人大都评价弟子为人正直，可是弟子发现自己太多时候把傲慢当成了骨气。如何才能正确分辨自己的行为是傲慢还是有骨气呢？

· 学诚法师：有骨气是坚持自己，傲慢是看不起别人。

只想到自己，所以爱对他人横冲直撞

· 问：我发现自己上班的时候脾气特别大，对同事态度不好，尤其是看不起个别同事。人家年纪比我大，我却没有恭敬心，说话不经过大脑，话语很难听。怎样才能谦虚、脾气好、有恭敬心呢？

· 学诚法师：心比较粗猛，只想到自己，所以对他人横冲直撞。这样的人，要多去看自己的缺点，发现别人的长处。这样，傲慢心才能降伏，恭敬心才能生起。把自己放低一些，凡事多站在他人角度想一想。

人通常都对自己很宽容

· 问：您好！跟一位主任搭档工作了三年，她学识渊博，能力很强，我跟她学到了很多东西。但当我工作出现小的疏忽，主任表现出很不满

的时候，我内心就很委屈，瞬间泄了气，失去了工作热情，觉得做了那么多，就因为一点儿疏忽，主任就那么计较。我应如何克服此时的负面情绪？

· **学诚法师**：人通常都对自己很宽容，即使犯了错误，也会想"是一时疏忽"；事情没做好，就会想"没有功劳也有苦劳"……很难面对别人的批评或指出的问题，甚至别人轻轻碰一下就会感到委屈。这都是源于自我保护，做事求肯定的心态，是"我执"竖起的尖刺。

此外，人对别人往往比较严苛，尤其是能力较强的人，容易拿着自己的标准去**衡量别人，造成别人很苦，自己也很苦**。

应该反过来，严于律己，宽以待人。自己做错事，错了就改，没什么可委屈的；别人有一些不当的地方，多去想他的苦劳，原谅他的一时疏忽，帮助他改善。

身边遇到强势的人怎么办

· **问**：身边有个朋友很强势，我的心情总是会受她影响，因为我想要维持和谐的表面关系。不知道该怎么和她相处？

· **学诚法师**：自己内心的力量要比对方更强，就能不随她转，就像大人面对孩子一样。

不管做什么事，努力的重点都应该放在自己身上

· 问：我现在的工作环境总是让我感觉到压抑，同事也是这样。可是，我又找不到一个充分的理由，离开这个岗位。主要是我不知道辞去了现在的工作，我可以做什么。想到一个人要去适应新的环境和工作我就害怕。我该怎么办？现在的工作单位缺乏管理，各种不公平对待。最近一些同事陆陆续续辞职，心好累。

· 学诚法师：关键要自己有能力。有能力能选择更好的职业，也可以留下来帮助公司改善，反之则是两难。不管做什么事，努力的重点都应该放在自己身上，不然就会被外境所转、所迫，觉得都是外境的错，自己总是很累很苦。

职场中分钱不均怎么办

· 问：我跟同事因为分钱发生矛盾。以往领导会平分，同事认为她工作多我工作少，平分不合适，要求按工作量分。我同意，确实我的工作量少，但这事让我不痛快。遇见钱的事，我贪欲很重，做不到视钱财为身外之物，想跟她争。我该怎样做？怎样调整心态？

· 学诚法师：将心比心，换位思考。

为什么在游戏里打怪的时候，要先打小妖怪

· **问：** 我从小对巧克力就非常贪恋，现在想要对治，可是一直失败，很苦恼。弟子该如何做呢？

· **学诚法师：** 在游戏里打怪的时候，大 Boss（游戏中首领级别的守关怪物）一般都是最后出来，前面要先打小妖怪练级。对治烦恼也是如此，不能在毫无根基的情况下直接挑最强力的烦恼习性来入手，这当然会失败了。不要继续去增长贪恋，先从断除外缘入手，少买就少吃，不买就不吃；也不要念念想着"对治"，因为内心相应，越想反而越执着。要转过来，多在正念正行上下功夫，让内心被好的东西占满。

无论快乐或痛苦，都不要去执着

· **问：** 朋友的背叛和误解让弟子很纠结、难过，想找个出口让自己豁达些，但伤痛总是挥之不去。请您指点迷津。

· **学诚法师：** 因缘变幻，快乐不会久住，痛苦也不会永恒。人之所以苦，是因为对于自己满意的境界执着于不变，又对于自己难过的境界觉得走不出去。

一切都是无常的，无论快乐或痛苦，都不要去执着。

我们不是活在别人嘴里

· 问：您好，我一直坚守做人原则，近期却总被嘲笑，被人评价为单纯白痴。虽然未曾动摇，但是心中总是郁郁不乐，请开示。

· 学诚法师：我怎么做是我的事，他怎么看是他的事，我们不是活在别人嘴里。

要把他人的批评当作帮助

· 问：工作压力太大了，每天都被批评、被说笨，感觉无论做什么别人都不满意，该怎么办呀？

· 学诚法师：自己一次比一次有进步就好。不要把他人的批评当作伤害，要当作是帮助，帮助自己提升。

感恩伤害过我的人，他让我学会了坚强

· 问：如何去感恩自己恨的人呢？我的心结始终无法解开。

· 学诚法师：自己必须从被伤害处走出来，成长了，把这段经历变成成长的财富，才能生起感恩的心来。譬如"感恩伤害过我的人，他让我

学会了坚强"，后面这个条件至关重要。自我成长与宽恕他人是一体的，放不下心中的恨，就说明自己的成长还不够。

为人不做亏心事，半夜不怕鬼敲门

· **问：** 现在网络上有很多负面消息，很怕自己也会遇到。我始终有这样的忧虑，应该怎么办呢？

· **学诚法师：** 为人不做亏心事，半夜不怕鬼敲门。把担忧和妄想的心力用于更好地关注自己的言行吧。

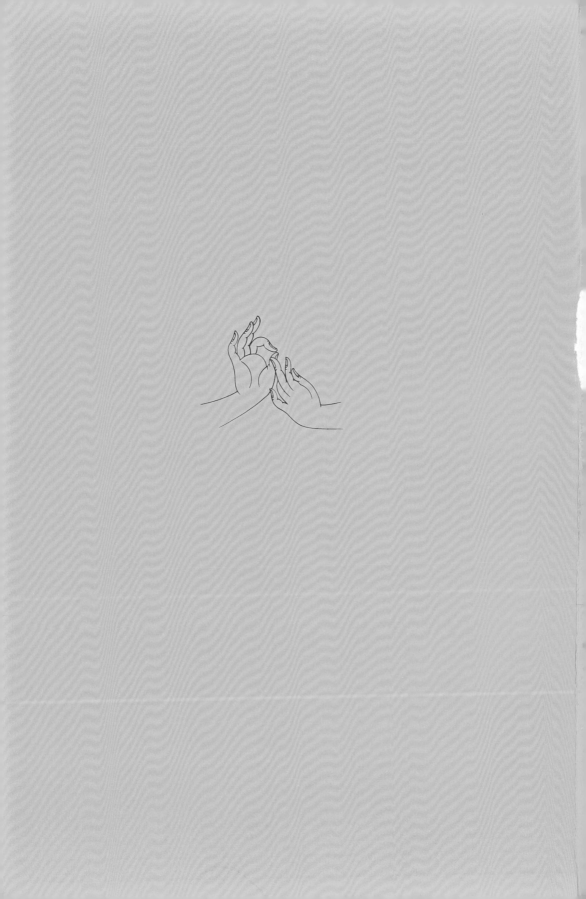